保育・教育 実習日誌の書き方

小泉裕子 編著

改訂版

中央法規

はじめに

　2015年４月より、子ども達の健やかな育ちを保障する保育制度として「子ども・子育て支援新制度」が発足しました。保育の量的拡大と質的な向上の両面から保育を提供する仕組みとしてスタートしたところです。

　保育の「量」の拡充と「質」の向上を図るために中心となり奮闘しているのは、まさに保育現場に従事する保育者（幼稚園教諭、保育士、保育教諭等）であり、現在、日本では質の高い保育者を雇用することが、利用者の保育ニーズを満たすうえで欠かせない条件であるといっても過言ではありません。

　保育現場で働く保育者は、そのほとんどが国家資格である幼稚園教諭免許状、あるいは保育士資格をもって従事しており、保育の基礎と応用に関する理論的知識を学び、子どもへの援助や指導に関する実践的知識およびスキルを学修している優れた専門家です。

　この本は、社会で最も期待されている「保育者」の仕事を深く理解し、「保育の魅力」を実感するとともに、現場で求められる「専門的配慮や援助法」を習得するために工夫された保育者のためのラーニング・テキストです。特に、保育をはじめて学ぶ人に、保育現場のさまざまな魅力を実感してほしいと思います。

　保育者になるための登竜門は、フィールドにおける実習（教育実習・保育実習）です。実習は、免許や資格をとろうとする人にとっては、想像以上に不安の強い学修のようです。どのような保育者に出会い指導を受けるのか等、漠然とした不安に悩まされることもあるでしょう。また、乳児の世話や保育体験を経験したことのない実習生にとっては、保育援助への技術的不安はとても強いようです。幼児との遊びや生活の援助は、個に応じる専門的配慮であるがゆえに、事前の準備をしても不安が募るばかりかもしれませんね。

　でも皆さん、安心してください。このラーニング・テキストは、保育現場に長年在籍し、実習生の受け入れに熱心な先生方にアイデアを出していただき、初めての実習でも、保育現場における「学びや気づき」を的確に理解できるよう編集を重ねました。

　実習は、保育の基本を学ぶにふさわしい体験や経験の宝庫です。また実習での学びは、「実習日誌」を書き上げることで完成するといっても過言ではありません。

優れた実習日誌を書いた人は、能力の高い実習生（プレ保育者）として高く評価されるでしょう。

　本テキストでは、実習場面を子どもの活動区分に従って学修し、実習生に学んでほしいポイントを明確に指摘しています。そのため、保育をより具体的にイメージしやすくなっています。また、現場で指導してくださる先生方にとっても、保育を省察する（気づきや学びの抽出）際の、助言や指導の一助になるのではないでしょうか。

　また2017年には、保育所保育指針、幼稚園教育要領、幼保連携型認定こども園教育・保育要領が改定（訂）されました。我が国の子ども達の発達や学びを支える３つの保育・教育施設ですが、この改定（訂）により幼児教育を行う施設として共有すべき事項がそれぞれの基準のなかで明記されました。以下に示す「幼児期に育みたい３つの資質能力」です。

① 　知識・技能の基礎（遊びや体験のなかで気づくこと、感じること、わかること、できるようになる力を指します。）

② 　思考力・判断力・表現力等の基礎（子どもの考える力、すなわち自分の実現したいことに向けて、試行錯誤したり、工夫したり、よいやり方を見つけて表現することが発揮され、伸びる力を指します。）

③ 　学びに向かう力・人間性等（学びに向かう力とは、「何かをおもしろい、ステキ」と感じ（心情）、それにかかわろうとして（意欲）つくってみたり（態度）、調べる（態度）等、物事をやり遂げようとする力を指します。）

　現場の保育者は、この３つの能力を意識した保育を計画し実践するために、園内外で研修を重ねています。そこで今注目されるのは、「保育者の子ども理解に基づく実践」でしょう。一人一人の子どもの内面に触れ、子どもの興味や関心を引き出すことや、集団による遊びを通して学びが深まるよう援助指導することが求められているわけです。

　これからの保育者は、「子どもを理解し、生活や遊びの価値をつけるスキル（ポジティブ・ガイダンス・ポリシー）」を身につけるための専門性が重要であると指摘されています。

　実習では、このような現代の保育者が大切にしている姿勢を直に学ぶ絶好の機

会です。

　現場の臨床の知を学ぶに当たり、保育経験の少ない実習生にとっても、その場の現象を、肯定的かつ客観的に学ぶことができるように、改訂版では「保育映像」を通して遠隔でも臨床の知を学ぶ学修方法を取り入れました。

　実習期間に出会う保育場面で、最も機会の多い「自由遊び」「設定保育」を取り上げ、臨床の場で起る子ども達の実態について、「実習生はどのように理解していくのか」、その望ましい視点を紹介しています。

　もちろん、場の理解は一人一人の保育者、実習生によって注目するポイントが多様であってよいでしょう。しかし、現場の保育者の意図や環境構成は、どのシーンにも存在するものです。そこをどのように気づき、共感し、援助していくかは、実習生に求められる重要なスキルであることは間違いありません。映像コンテンツを視聴しながら、そのスキルを磨いてください。子ども達の一日は発達や学びの連続であることを実感することでしょう。

　このように、保育者の仕事は多岐にわたり専門性を身につけるための多様な要素をたくさん含んでいますが、専門職として飽きない、尽きない、やりがいのある魅力ある職業です。このテキストを通して、保育職のすばらしさを実感してくださることを期待してやみません。

　2020年11月

編著者　　小泉裕子

はじめに

1章 実習のキホン

2章 一日の流れからみた保育観察のポイントと実習日誌の書き方

3章 映像から見る！ 子どもの遊びや生活の深まり

4章 実習を保育に活かすために

1章

実習のキホン

1. 実習生の一日

　1章では、幼稚園教育実習と保育所保育実習に参加する実習生の一日を紹介します。実習生は、幼稚園教諭や保育士の活動を模範としながら、子どもの活動を支援していきます。保育者の一日の職務に従って、実習生ならではの動きを心がけていきましょう。

　保育は、子ども達が園で健やかに過ごすことができるよう清掃や安全確認を行う環境整備からまずはスタートし、子ども達が安心して家庭に戻るまで行われる大切な仕事です。

　実習生の一日は、子どもや保育の日課に沿って行われることになりますが、実習生の姿勢として常に忘れてはならないのは、保育現場を理解するための学習のチャンスであるという目的です。子ども達一人一人と積極的にかかわって、子どもを深く理解するとともに、保育者の専門的援助や指導について意欲的に学んでいきましょう。表1は実習生の基本的な活動および配慮事項についての一例です。

2. 実習の学び

（1）保育者の人間的魅力に出会い、共感的に学び、
　　　場の多様性を学ぶ

　教育実習（幼稚園）や保育実習（保育所・施設）に参加した多くの実習生は、実習を契機として「私は保育者になる」と決めることが、私たちの研究でわかってきました[1]。

　その理由を聞くと、「実習担当の先生が理想的な保育者だったから」と、実習で出会った先生から強い影響を受けることもわかりました。そして人と人（保育者と子ども）がかかわり合い、結びつきを深めながら保育する様子を目の当たりにし、保育者には人間的魅力が求められることも実感しています。保育は人によってつくられる場であり、保育者の素晴らしい人格にふれ、感動体験を重ねることが、実習生の職業意識を育てているといえます。

表1　保育活動と実習生の一日

子どもの主な活動	保育者の主な援助・指導	実習生の活動
登園前	保育環境の整備（清掃や遊びの環境構成）	園舎内や園庭の清掃をしたり、保育室等の整理を手伝う。
朝の登園	お迎え、健康チェック（視診）、保護者と情報交換（家庭での様子）	保育者とともに子ども達を笑顔で迎える。登園してきた子どもと一緒に遊ぶ。
午前の自由遊び	子ども理解に基づく保育援助、遊びの環境構成、安全管理	保育活動中は、一貫して下記に示す姿勢で実習に臨む。①子ども達一人一人と積極的にコミュニケーションを図り、良好な関係性を築く。②保育者が行う保育援助や環境構成を模範としながら、保育者の補助的役割を担う。③保育にかかわりながら子どもの発達を理解し、また保育者の職務内容を学ぶ。④責任実習（保育の一部を担当する実習。手遊びや絵本の読み聞かせ、さまざまな遊びの指導を行う）
朝の会	出席確認、子どもの様子の把握、当番活動の援助	
クラス活動（設定保育等）	指導計画に沿った保育指導	
昼食（お弁当や給食）	食事の環境構成、子ども達一人一人に応じた栄養指導	
午睡の時間（休息）	午睡の生活指導、子どもの健康状態の把握、子どもの一日の様子を記録	
午後の自由遊び	子ども理解に基づく保育援助、遊びの環境構成、安全管理	
帰りの会	一日の保育のまとめ、子どもの様子を確認	
降園	保護者との情報交換（保育所での様子）	保育者とともに子ども達を送る。保育者と保護者のやりとりを学ぶ。
降園後	一日の振り返り、保育環境の整備、実習生への助言・指導	・園舎内や園庭の清掃を行う。・保育者の指導を受けながら一日の実習の反省を行う。

　そうはいっても、どんなに素敵な保育者に囲まれても、実習生の学ぶ意欲が低く、保育を否定的にとらえるばかりでは、よい実習になるとはいえません。保育の場は想定外のことに直面することもしばしばです。そのような難しい保育の場を、保育者とともに共感的に理解する姿勢をもつことも、実習生の姿勢として大切なことです。

〈A 実習生へのインタビューから〉

　私は、今回の保育実習に参加するまでは、将来、保育士になろうかどうかとても迷っていました。自分では子どもが好きで、この仕事に向いていると思って大学に入ったのですが、授業を受けるにつれ、自分が保育士に向いているかどうかわからなくなったからです。

　はじめての実習のとき、3歳児は自己中心的で怖いと思い、実習日誌にけんかの仲裁で失敗したことを書いたのです。ご指導してくださったB先生は、ふだんから子ども達を分け隔てなく接する優しい先生で素敵な人ですが、私の失敗に対しても、「うまくいかないのは、あなたのせいじゃないよ。私が介入しても子どもが納得しないときもある。子どもの発達段階の状況にもよります。時間をかけて子ども達とあなたの関係を築いてくださいね」と温かいご助言をいただきました。

　子どもに対しても、実習生に対しても人を育てる視点をもっている温かいB先生と出会って、「私も将来はこの人のような保育者になれたら」と思いました。

（2）保育職の使命感、責任感等の社会的重要性を学び、専門性に気づく

　実習中は、保育のさまざまな側面を知り、保育者の役割が多様であることを学びます。実習生は、保育者の職務内容を理解するだけでも、多忙な保育業務に驚くこともあるでしょう。しかし、皆さんが出会う保育者の多くは、「忙しいけどやりがいがある」「子どもたちの笑顔が生きがい」「子どもの発達を実感できる素晴らしい仕事」「保護者に感謝されるたびに仕事への誇りをもつ」という充実した気持ちで働いています。

　子育てに困難を感じる現代において、保育者の社会的期待はますます高くなっています。保育所の待機児童問題は、保護者にとって深刻な問題です。自分の子どもに少しでも環境がよく、質の高い保育を受けさせたいと希望しています。また、小学校を意識した就学前教育への教育効果にも関心を払っています。安全管

理や衛生管理を徹底させる危機管理対策、感染症対策、特別に支援を必要とする子どもに対する保育、低年齢児の保育内容の充実、指導計画に基づく就学前教育の充実、食育、遊びの充実指導、地域や学校との連携など、保育者が取り組む専門的課題は多岐にわたります。

このような社会的な背景のなかで、保育者は預かった子ども達の環境を整え、質の高い保育を提供したいと使命感に燃え、保育者間の連携を意識したり、研修講座に出席するなど研鑽を積み、責任感を強く抱いて保育・教育を行っています。

実習生は、実習期間という限られた時間のなかで、保育者の多岐にわたる専門性について、その社会的重要性を意識しながら興味をもって学びましょう。

保育職のすべては、子ども達の健やかな成長・発達につながる社会的に価値の高い職務です。使命感、責任感を強く抱いた保育者の姿を通して、保育の専門的価値を実感してください。

〈2歳児の子どもをもつ母親Cさんの連絡帳から〉

　D先生、いつも元気で子どもに優しく、ときに厳しく指導をしていただくこともあり、とても感謝しています。

　昨日、娘の発熱で連絡があり、お昼ごろにお迎えに行きましたが、子ども達をていねいにみてくださっているおかげで大事に至らず、子どもを引き取ることができました。

　ほかのお子さんはお昼寝中で、すやすやと眠るなか、先生方はその間、部屋で連絡ノートを記入してくださっていました。連絡ノートにはいつも、わが子の様子がていねいに書き込まれていて、ありがたいです。保育士として勤務されている先生方のおかげで、仕事をもつ親は安心して日中働くことができます。ありがとうございます。

今日はお昼寝で…

（3）理論と実践を結びつける（体験により学ぶ）

　実習は保育者になるためのカリキュラムのなかでも、とても重要な科目です。保育者養成カリキュラムはたくさんの保育理論科目と幼稚園や保育所での実習単位で構成されています。

　例えば、保育士資格の理論科目には、保育の本質・目的に関する科目、保育の対象の理解に関する科目、保育の内容・方法に関する科目、総合演習がありますが、保育者になるためには、理論を単なる詰め込みの知識や教養として学ぶだけではふさわしいとはいえません。

　保育者は、子どもの発達や育ちを適切に理解するための保育観を形成しながら、よりよい保育実践を行っていくことが期待されています。

　実習では、子どもとの遊びや生活を体験したり、保育者の職務を実際に体験しますが、理論を再確認したり、新たな保育への気づきをもたらしてくれるでしょう。

　保育現場での体験による学びは、保育者になるための専門的な経験として実を結び、保育者アイデンティティを揺さぶられる契機となります。理論と実践を結びつける「実習」は、一人一人の実習体験の質によって、意義のある豊かな成果をもたらすことでしょう。

〈ある実習生の実習日誌より〉

　責任実習で、教科書に掲載されていた「ブーメランをつくって遊ぶ」活動を計画しました。教科書に載っているとおりに実践をしたのですが、実際の保育は予想どおりではありませんでした。時間配分や保育者の配慮事項は、担当する子ども達によって反応が違うのだと、指導担当の先生から助言を受け、とても納得しました。

　でも、ウメ組の子どもたちは、「ブーメランがどうしたら遠くに飛ぶのだろう」と興味を示し、私の計画以上に反応が得られ、楽しんでくれました。次回の責任実習では、製作の時間配分や素材に工夫を重ね、年齢に応じたブーメランづくりに挑戦したいと思います。

　また、実習生の実習目標は、少なくとも次の3つの課題を含んでいます。授業で学んだことを現場での実習体験を通して理解していきましょう。

① 保育者の職務内容全般（子どもの援助指導・保護者支援・地域の子育て支援・それにかかわる雑務全般、自己研鑽および研修）を総合的に理解する。

② 実習園の保育（目標や保育内容、保育方法）を指導者から共感的に学ぶ。

③ 子どもと積極的にかかわり、さまざまな場面で発達（個の育ち、集団の育ち）を理解する。

3．実習で役立つスキル（実習力）

　ここでは、実習の即戦力として役立つスキル（実習力）を紹介します。

　実習生は、保育者の専門的で高度な保育力を目標にしながら、自らも保育体験を重ね、そこに近づいていきます。とはいっても、最初の段階から高度な保育力を身につけた実習生は一人も存在しません。実習生は、どんなに背伸びをしても、本物の保育者にはかなわないのです。しかし、実習先の先生が実習生のプレ保育力に大いに期待を寄せていることは明らかです。実習生ならではの保育に向かう情熱、子どもに対する愛情、保育者へのあこがれの念、保育にチャレンジしようとする意気込みはもちろんのこと、経験が不足するがゆえに生じる謙虚ささえ、若さあふれる実習生に欠かせない魅力です。

　そこで、ここではプレ保育者に求められる力のことを「実習力」と呼び、実習生に期待される力に的を絞って学んでいきます。

　では、実習生に求められる「実習力」とはどのようなものでしょう。

（1）豊かな人間性

　保育の場では、保育者の言動が子ども達に大きな影響を与えており、そのため保育者には豊かな人間性を基礎として使命感や情熱が求められるといいます[2]。

　すなわち、乳幼児の一人一人の内面を理解したり、信頼関係を築くため、子どもを大切に思い、日ごろから子どもと心が通い合うようにすることが求められます。まさに、人としてどのように子どもと向き合うかという、人間性による基本姿勢が重要だといえるでしょう。

　明治・大正・昭和の日本の保育を牽引した倉橋惣三先生は、子どもとかかわる保育者の専門的資質として、「保育者の人間性」にふれた記述をたくさん残しています。

〈『幼稚園雑草』（我等の途）³⁾ の一部抜粋〉

　教育は人情の発露である。人情だけでは教育はできない。研究がいる。設備がいる。方法がいる。しかし、これらは皆人情の土台の上に築かれるものである。

　これらのものが如何に完備しても人情のかけたところに教育は無い。我らの教育に常に潤沢なる人情味を湛えしめよ。もっと大胆に当たり前の人情を流露せしめよ。そこに始めて自分も生き子供も生きる。

（中略）

　子供にとってうれしいことは、我らが如何に立派な人間であるかよりも、我らをいかに十分に彼らに与えてくれるかである。子供にとって最も幸福なことも、教育にとってもっとも肝心なことも、おそらくこれに他あるまい。我らは何をやるかではなくて、我等自身を与えることである。それだけが我等にできる。

　また、全国保育士会倫理綱領⁴⁾ には、次のようなことが示されています。

　すべての子どもは、豊かな愛情のなかで心身ともに健やかに育てられ、自ら伸びていく無限の可能性を持っています。

　私たちは、子どもが現在（いま）を幸せに生活し、未来（あす）を生きる力を育てる保育の仕事に誇りと責任をもって、自らの人間性と専門性の向上に努め、一人ひとりの子どもを心から尊重し、次のことを行います。

・私たちは、子どもの育ちを支えます。

・私たちは、保護者の子育てを支えます。

・私たちは、子どもと子育てにやさしい社会をつくります。

　実習生であっても、保育者の基本である「豊かな人間性」を目指して、たくさんの子どもと向き合うことはとても大切なことではないでしょうか。

（2）生活する力

　保育者の言動は、子どもの模範となるべきものであり、ここでいう「生活する力」とは、子どもとともに生活するにふさわしい能力のことです。

　例えば、子ども達の生活を尊重することがあります。「あいさつに心を込める、

子ども達の様子にていねいに向き合う、遊びの環境を整える、衛生管理・危機管理を徹底する、食生活を重視する、睡眠のリズムを大切にする、人間関係を大切にする」という能力があげられるでしょう。子どもがよりよく生きるための生活環境を、実習生自らも意識して身につけておくことがとても大切です。

皆さんも、以下のポイントについて、チェックしてみましょう。

〈実習前のチェックポイント！〉

☐子ども達が登園する前、清掃や整理整頓に力を注いでいますか？

☐先生方や子ども達とのあいさつに、心を込めていますか？

☐朝の登園時、子ども達の健康などについて、ていねいに向き合い、気を配っていますか？

☐着替えや排泄の場面で、子どもが身につける力を意識して援助していますか？

☐子ども達の栄養生活で必要な環境を理解していますか？

☐子ども達の休息に対する知識がありますか？

☐子ども同士の関係づくりの模範になる行動をしていますか？

保育者には、子どもとその保護者の行動モデルとしての役割が、とても期待されています。実習生であっても、それにふさわしい「生活する力」を意識した行動が求められます。

（3）子どもの発達を援助・指導する力
　　（乳幼児を理解し育てる能力）

実習中には、「責任実習、部分実習」と呼ばれる実習で、保育者の代わりに保育を担当する場面が多数設けられます。養成校の授業（保育内容演習等）で学んだ絵本の読み聞かせを代表とする保育技術を実践することや、自分自身の得意分野を活かした実践を行うこともあるでしょう。

いずれにしても保育者に代わって、子ども達の前で専門的な技術を実践することになります。

最初は子ども達に受け入れてもらえるか不安ですし、最後まで実践できるかと心配になるでしょう。実習生のこのような不安は皆同じです。

それよりも常に心がけてほしいのは、「うまく」とか「計画どおりに」実践す

ることではありません。事前の準備を重ねて実践することは当然ですが、加えて重要なことは、目の前の子ども達の状況に気を配ることです。さらに、子ども達の反応や状況を落ち着いて見ることができるようになるためには、子ども達と十分に信頼関係を築いておきましょう。実習先の先生が優れた援助・指導力を発揮しているのは、子どもとの関係が安定しているからであることを、ぜひ実感してください。「保育指導力は一日でならず！」です。

　しかし、実習生だから何もできなくてよいといっているのではありません。プレ保育者としての援助・指導力を試す機会として、たとえ失敗を重ねても、意欲的に挑戦することはとても重要なことです。以下の記述は、実習生としての保育援助・指導力のチェックポイントの一部です。事前の準備段階、実習中にも気を配らなければならない点は、ほかにもたくさんあります。実習担当保育者の指導・助言からも、学ぶべき点を積極的に見つけ出してください。

〈実習生が準備しなければならない保育援助・指導力の一例〉

□実習生としてのマナー（言葉遣い、服装、身だしなみなど）は大丈夫ですか？

□園の保育方針やクラスの様子に関する情報は万全ですか？

□子ども達の健康状態の基礎知識は万全ですか？

□子どもの年齢に応じた発達の様子について理解していますか？

□子ども達の行事予定を理解していますか？

□子ども達との遊びが発展するように、さまざまな年齢に応じた遊びの種類（内容）を用意しましたか？

□子ども達が喜ぶ「手遊び」「絵本、紙芝居」「歌やリズム遊び」「ゲーム」「折り紙遊び」「クイズ」など準備はしましたか？

□子ども達の興味や関心を尊重し、遊びの環境構成に工夫をしていますか？

□子ども達が元気で、楽しそうに活動できるように声をかけていますか？

4. 実習は「実習日誌」で決まる！

　実習には不安がつきものですが、多くの実習生は「実習日誌」を書き上げることが一番の自信につながったといいます。責任実習での絵本の読み聞かせの経験、製作指導の経験を重ねるだけでは、実習生の不安は軽減されないものなのです。

　ではなぜ、「実習日誌」を書くことで、自信がついていくのでしょうか。

実習日誌は指導保育者と実習生をつなぐ架け橋

　「実習日誌」は、見たことや聞いたことを実習生が一方的にまとめる保育記録だと思っていませんか。

　もちろん、「実習日誌」は実習生が保育を参与観察した結果、保育内容について理解したことや子どもの様子、あるいは保育者の役割について気づいたことを整理する記録ですが、指導保育者にとっても実習生が書いた「実習日誌」は大きな意味があります。

　指導保育者にとっては、一日の保育のなかに「学んでほしい子どもの様子」「保育者の援助・指導の実際」があふれています。保育に関するたくさんの学びの材料について、ちゃんと観察できているだろうか、理解できただろうかと気になっているのが現状です。指導保育者が伝えたいことを、実習生は積極的かつ共感的に学んでいきましょう。

　また、実習生の不安を解消するために適切なアドバイスを与える際、「実習日誌」の記録はその資料になっています。このように「実習日誌」は、実習生と指導保育者のコミュニケーションツールとしての価値が存在し、学ぶものと指導するものの気持ちをつなぐ架け橋になっているといえるでしょう。

　「実習日誌」の記録は、実習生にとっては保育者との学び合いの架け橋であるとともに、未来の保育者になるための軌跡でもあります。「実習日誌」を皆さん自身の手で、かけがえのないラーニング・ドキュメンテーションに仕上げていくことを願っています。

〈実習生に学んでほしいこと〉

① **子どもの活動**は、「保育の全体的な流れ」と「子どもたちの具体的な活動」に沿って記録しますが、子どもの気持ちや行動に共感し肯定的にとらえた様子を記述します。

② **保育者の援助・環境構成**は、「保育者の具体的な援助・指導」をしっかり観察して書き込みましょう。指導保育者の意図を理解しているかどうかが問われるところです。

③ **実習生の活動および気づき**には、「自分自身の動き」を書くだけでなく、「保育者の行動や助言から学んだこと、気づいたこと」を明記しましょう。

5. 実習日誌の実際

　実習日誌は、養成校によって書き込む書式が決まっています。ほとんどの養成校では、「保育活動と実習生の一日」（表1）で示しましたが、表2のような書式で書き込むようになっています。実習の日付や配属クラス、指導者の氏名は間違いのないように確認してから書き込みましょう。

　表2のように一日の保育の流れに沿った整理の仕方がわかると、次々と日誌を書けるようになります。

　【今日の実習目標】の欄は、実習前日の振り返りから次の日の目標が決まるのですが、最初からある程度計画していることも重要です。

　赤字の書き方のポイントを参考にして、日誌を整理していきましょう。例えば「子どもの活動」欄は、主な活動の前に「○」をつけ、具体的な様子については「・」（中点）を使い整理するとわかりやすくなります。

　「保育者の援助・環境構成」の欄は、子どもの活動に対応するものなので、「・」で整理したり、環境の図や絵を挿入するといっそうわかりやすくなります。

　「実習生の活動および気づき」の欄は、子どもの活動や保育者の援助に対応しながら動くものですから、「・」を使って整理するとともに、保育者から学んだことや気づいたことを「＊」（星印）でまとめるとよいでしょう。

表2　T幼稚園4歳児の6月の保育記録「登園から昼食まで」

その日の実習で、焦点を絞って学びたい（参与観察したい）実習目標をあげる。

保育者の行動を模範としながら行った保育補助や援助の行動を書く。

子どもの主な活動を書く。

実習 2　　日目			実習生氏名　○○○子　印
6月3日（火曜日）	実習クラス	4歳児スミレ組	指導教諭（△△ ××先生）

【今日の実習目標】子どもたちと積極的にかかわりながら、保育の一日の流れに沿った子どもたちの活動を理解し、発達の様子と保育者の援助を学ぶ。

時間	子どもの活動	保育者の援助・環境構成	実習生の活動および気づき
8:30	○順次登園 ・保育者と笑顔であいさつをする。 ・友達にも元気にあいさつをする。 ・カバンや帽子をロッカーにしまう。	・子どもと保護者に笑顔であいさつし、家庭での様子等を確認している。 ・子どもの表情を観察する。	・保育者の側に立ち、笑顔であいさつをして子どもたちを迎える。 ＊あいさつをしながら、子どもの体調等を把握することの大切さを学んだ。
8:45	○園庭に出て自由遊び ・カバンを置いてスモックに着替え、園庭に飛び出していく。 ・砂場でシャベルを使って小山を造って遊んだり、実習生と鬼ごっこをする。	・天気がよいので「外で遊びましょう」と声をかける。 ・一人一人の子どもの様子を見ながら、楽しく安全に遊べるように声をかける。	・園庭に出て、子ども達と一緒に遊ぶ。 ・できるだけたくさんの子どもと遊ぶよう心がける。 ＊子ども達が安全に遊んでいるか、常に確認することの大切さを学んだ。
9:45	○遊びの片付け ・遊具を元の場所に片付ける。 ・遊びが中断したことを残念がる子どもがいる。	・「お方付けの時間です」と声をかけながら、使った遊具を元の場所に戻すよううながす。 ・「楽しかったね」と声をかけ、遊びの満足感を確認する。	・保育者の声かけに従って、子ども達と一緒に片付けをする。 ＊一人一人に片付けの指示をしながら、子ども達の遊びの様子を確認することの大切さを学んだ。
9:55	○手洗い、うがい、排泄 ・手に付いた泥を、石けんを使ってていねいに洗い落とす。 ・ハンカチで汚れを落としている。 ・集まりの時間を気にしながら、保育室に戻ってくる。	・外遊びのあとは、石けんの手洗いやうがいをていねいにするよう声をかける。 ・「集まりの会は10時ですよ」と時間を確認しながら、子ども達が進んで行動するよううながす。	・子ども達と一緒に水道で手洗いやうがいをする。また石けんがうまく使えない子どもには、手を添える。 ＊遊んだ後の衛生面や清潔に関する指導をしっかりすることで、感染症やけがの予防をしていることを学んだ。
10:00	○朝の会（あつまり） ・朝の歌を元気よく歌う。 ・元気よく皆に向かってあいさつの言葉、日付、曜日等を言う。	・保育室で朝の会の環境づくりをする。 ・日付、曜日の確認をうながす。 ・点呼し欠席者の確認をする。 ・今日一日の、保育の活動のスケジュールを話す。	・子ども達と一緒に保育者の話を聞く。 ＊朝の会では、子ども達の様子を把握する重要な意味をもつことを学んだ。また、一日の活動が子ども達にイメージできるように、保育者が話をすることの大切さを学んだ。
10:15	○製作活動（子ども時計） ・「時計の歌」の絵本を見て身の回りにはいろいろな時計があることを話し合い、時計づくりの期待をもつ。 ・廃材を利用して「子ども時計」を思い思いに工夫してつくる。 ・「見てみて、僕の時計大きいよ」などと、自分がつくった時計の特徴を話しながら楽しそうに製作する。	・絵本「時計の歌」を読み、時の記念日にちなんだお話をする。時計が、子ども達の生活に役に立っていること等を話す。 ・一人一人の時計のアイデアや個性が出るように、声をかける。 ・完成した時計を、棚の上に並べて展示する。	・一緒に絵本を見ながら、子ども達の意見を共感的に聞く。 ・保育者が準備した廃材を選ぶ子ども達に、「どんな時計をつくるのかな？」と声をかけながら製作活動を援助する。 ＊製作活動では、廃材やその他の材料を保育者が豊富に用意することで、子ども達のイメージを多様にふくらませることを学んだ。
11:15	○お弁当の準備 ・排泄、うがい、手洗いをする。 ・お弁当の準備をする。	・テーブルの汚れを確認し、水拭きする等清潔な環境を整える。 ・カバンからお弁当を出して、食事の準備をするように声をかける。	・子ども達の手洗いや排泄の様子を見守ったり、声をかける。 ・保育者のテーブル拭きの手伝いをする。
11:30	○お弁当を食べる ・今日のおかずを、友達と見せ合って楽しそうに食べる。 ・嫌いなものをがんばって食べている。	・子ども達の食べる様子を見守りながら、楽しい雰囲気をつくり、ゆっくりかんだり、おいしさを味わいながら食べるようにうながす。	・子ども達と食事をともにしながら、会話をしたり食事の様子を観察する。 ＊保育者は食事の様子から、子ども達の一日の様子や健康状態を把握する大切さを学んだ。

子どもの具体的な活動を書く。

子どもの活動に対する保育者の環境構成、具体的な援助行動を書く。環境図なども挿入する。

保育者から学んだことや保育から気づいたこと等、整理して書く。

6. よく見られる特徴的な 保育場面の観察記録を 書いてみよう

（1）18場面で保育がスイスイわかる！

　一日の保育活動を流れに沿って「よく見られる特徴的な場面」に分けることで、「子どもの活動」「保育者の援助・環境構成」の実際が、わかりやすくなります。「保育の特徴的な場面」を詳細に書いていけば、実際の保育活動をスイスイ理解できるはずです。

　この本では「よく見られる特徴的な保育場面」として、朝の登園から降園までに関する「保育の一日の流れ」のなかから18場面を取り上げました。

　保育所、幼稚園、認定こども園に通う子どもの年齢に応じて、0歳児から5歳児までの保育場面を選びました。また、入所施設の午後の自由遊び、児童養護施設の自由活動等、児童福祉施設の保育場面も併せて設定しました。

（2）イラストで保育場面を想像しながら書いてみよう！

　保育所や幼稚園、認定こども園、施設等で日々起こっている「よく見られる特徴的な保育の18場面」について、イメージがふくらむようなイラストを用いて紹介します。

　皆さんは、特徴的な保育場面のイラストをじっくり観てイメージをふくらませるとともに、イラスト横に書かれている「場面の補足」（保育者が保育をするうえで意図していること）を参照し、あたかも実際の保育場面を観察しているかのように記録を書いてみましょう。

〈記録を書くとき参考に！〉

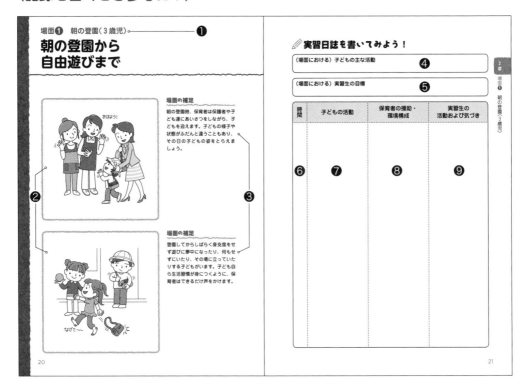

❶　保育の特徴的な場面

❷　２枚のイラストから「保育場面」の経過を想像しましょう。

❸　保育場面で保育者が意図していること、配慮していること等が書かれています。

❹　場面における「子どもの主な活動」を書きましょう。

❺　場面における「実習生の目標」を書きましょう。

※日誌は、記録の羅列にならないように、書き方を工夫します。

❻　活動の大きな流れの**時間**を書き込みます。何時何分と書き込めばいいのか迷いますが、「子どもの活動」欄の「主な活動」（○）の時間を書くとよいでしょう。

❼　**子どもの活動**欄は、主な活動（「○」（大きな白丸）を使う）と具体的な活動（「・」（中点）を使う）を区別して書き込むと整理がしやすく、保育がわかりやすくなります。

時間	子どもの活動
8：30	○順次登園する ・歩きで来る子ども、バスで登園する子どもがいる。 ・元気に登園し、保育者に家での出来事を話している。 ・着替えをすませ、自由遊びをはじめる。

❽　保育者の援助・環境構成欄は、子どもの指導（および実習生の指導）に直接あたる保育者の援助・指導を書き込んでいきます。イラスト場面の実際では、保育者がどのような援助や配慮をするのかは、日誌のなかでは重要な位置を占めるのです。保育者は、自分の保育の意図や工夫している点を実習生にしっかり観察してほしいと願っています。保育者と子どもとのかかわりを通して、さまざまな「保育者の意図」を汲み取る努力をしましょう。保育者の援助は「子どもの活動」に対する具体的指導ですから、「・」を使って書き込むとよいでしょう。

保育者の援助・環境構成
・子どもを笑顔で迎え入れ、家での様子を保護者に聴き状況を把握する。 ・連絡帳のチェックをする。

保育者の準備した「環境図（保育室や園庭の様子、遊具の配置」等を書き込むこともよいでしょう。

❾　実習生の活動および気づき欄は、イラスト場面に身をおいた実習生として行ったことを書き込みます。実習生は保育者の行動を模範としながら保育の補助的かかわりを行います。実習生が行った活動は、「・」を使って書き込むとよいでしょう。同時に、保育者のかかわりを通して気づいたことや学んだことを「＊」（星印）を使って書き込むとよいでしょう。

実習生の活動および気づき
・元気よく子どもたちの名前を呼び、笑顔であいさつをする。 ＊保育者から子どもとあいさつを交わすだけでなく、健康状態をていねいに把握する大切さを学んだ。

保育者から助言を受けたこと、学んだことから、自分が工夫した具体的内容を書き込むのもよいでしょう。

（3）添削例や解説を参考に、視点や書き方を学びましょう

　「実習日誌を書いてみよう！」の次頁・次々頁には、添削前・後の例が掲載されています。日誌に正答はありませんが、添削前・後の比較を通して、保育の視点や記録の書き方を学ぶとともに、ありがちな表現、記録の羅列になっていないかのチェックをしましょう（添削前・後の日誌は一例として掲載しており、場面によっては活動の前後の内容まで含まれています）。

　「保育・観察のポイント」「実習日誌の書き方」では、年齢別の発達の視点や書くときの注意点を具体的に解説しています。これらの事前学習の内容やポイントをしっかり押さえて、実際の実習に臨むようにしましょう。

（4）日誌を繰り返し書くことで、本番での実習力を身につけることができる

　次章から、いよいよ保育の特徴的な場面の日誌を書いていきます。

　最初のステップは、２つの場面イラストを見て、保育現場の出来事をイメージします。そして、すぐ横の「場面の補足」から、保育者達の保育の意図を理解していきます。このメッセージは日誌を書く際の保育者の助言に匹敵するもので、現場を理解する手立てになります。

　次のステップでは、その場面であなた（実習生）が目標とするべき実習の目当てを意識しながら動くこと（実際の動き）をモニタリングできたら、あなたはもう本番の実習で、自信をもって活動する「実習力」を身につけることができるでしょう。

（5）映像を通してリアルな保育場面を学ぶこと

　改訂版では新たに３章を追加しました。この章ではイラストを通して保育のイメージを具体化することに加え、映像を視聴し「リアルな保育場面を疑似体験」することによる学修が可能です。保育実習に向けての事前学習、グループワーク等に活用しましょう。

2章

一日の流れからみた
保育観察のポイントと
実習日誌の書き方

朝の登園から
自由遊びまで

場面の補足

朝の登園時、保育者は保護者や子ども達にあいさつをしながら、子どもを迎えます。子どもの様子や状態がふだんと違うこともあり、その日の子どもの姿をとらえましょう。

場面の補足

登園してからしばらく身支度をせず遊びに夢中になったり、何もせずにいたり、その場に立っていたりする子どもがいます。子ども自ら生活習慣が身につくように、保育者はできるだけ声をかけます。

実習日誌を書いてみよう！

（場面における）子どもの主な活動

（場面における）実習生の目標

時間	子どもの活動	保育者の援助・環境構成	実習生の活動および気づき

実習日誌の添削例

添削前

（場面における）子どもの主な活動
朝の登園と自由遊び。

（場面における）実習生の目標
保育者の援助を学ぶ。

時間	子どもの活動	保育者の援助・環境構成	実習生の活動および気づき
8：30	○登園する。 ○あいさつをする。 ○身支度をする。 ○自由遊びをする。 ○室内遊びをする。 ○戸外遊びをする。	・子どもを迎え入れる。 ・健康状態を確認する。 ・着替えや準備をうながす。 ・子ども達と遊びながら見守る。 ・子ども達に危険がないか見守る。 ・帽子を被るようにうながす。	・保育者とともに子ども一人一人にあいさつをする。 ・子ども達と一緒に遊ぶ ＊子ども達に危険がないか見守っていた。
9：50	○片付けをする。 ○排泄をする。	・片付けずに遊んでいる子どもに声をかける。 ・遊具を片付けたり、ごみを拾ったりしている子どもをほめる。	・子ども達と一緒に片付ける。 ・片付けずに遊んでいる子どもに声をかける。

遊んでいる子ども達とのかかわりや環境設定のあり方も観察しましょう。

主体的に片付けを行っている子どもの姿を観察しましょう。その際、保育者がどのタイミングで声をかけているか記録しましょう。

個々の発達によって援助の仕方は異なります。その子どもに合った言葉かけや工夫を考えましょう。自立に向かうための援助を観察し、具体的な言葉かけや動きも記録し、学びましょう。

添削後

（場面における）子どもの主な活動

元気よく登園し、スモックに着替えて朝の自由遊びを楽しむ。

（場面における）実習生の目標

子どもを笑顔で迎え入れながら、保育者の行う保護者と子どもへの対応、援助を参与観察する。
朝の自由遊びの環境構成を保育者とともに行い、子どもへの対応や援助を具体的に学ぶ。

時間	子どもの活動	保育者の援助・環境構成	実習生の活動および気づき
8：30	○順次登園する。 ・「おはよう」と元気にあいさつをする。 ・かばん、帽子をかける。 ・出席ノートにシールを貼ったり、連絡帳を確認したり、提出物がある場合は出す。 ○好きな遊びをする。 ・室内遊び（積み木、ブロック、折り紙、ままごと、ほか） ・戸外遊び（固定遊具、鬼ごっこ、わらべうた遊び、ほか）	・子ども達が安全に登園できるよう、清掃をして迎える。 ・子ども一人一人に元気よくあいさつし、健康状態を確認する。 入口 折り紙　　ロッカー 積み木・ブロック　ままごと ・遊具や教材を整える。 ・昨日から続いている遊びを見守る。 ・危険がないように子ども達の遊びを見守り、一緒に遊ぶ。	・清掃をする。 ＊登園前に清掃をし、きれいな環境で子どもを迎え入れることを学んだ。 ・保育者の横に立ち、子ども達に笑顔であいさつをする。 ＊保育者が一人一人の顔を見て朝の子どもの様子を確認、観察する動きを学んだ。 ・子ども達と積極的に遊ぶ。 ＊保育者は日々遊びの動向を把握し、子どもが主体的に取り組んで遊ぶようにはたらきかけていることを学んだ。常に安全管理を行っていることを学んだ。
9：50	○片付けをする。 ・自分が遊んでいた遊具を片付ける。 ・片付けをしないで遊んでいる子どもがいる。 ○排泄、手洗い、うがい	・片付ける少し前に子ども達に声をかけ、片付ける雰囲気をつくる。 ・片付けをしない子ども達には保育者も一緒に片付け、はたらきかける。	・子ども達と一緒に片付ける。 ＊「時計の針が"2"になったら片付けましょう」などと片付ける少し前に声をかけることで、主体的に片付けるような気持ちになる大切さを学んだ。片付けない子どもとは一緒に片付けながらはたらきかけることを学んだ。

昨日から続いている遊びは環境設定として重要です。一人一人の子どもの動きを把握しようとする保育者の意図を、環境設定から気づくことが大切です。

片付けの5分くらい前に知らせることで、子どもが主体的に片付けをするようにはたらきかけている保育者の意図を読み取りましょう。

23

「朝の登園（3歳児）」における 保育・観察のポイント

ポイント①

登園時、保育者の言葉かけやはたらきかけを学ぶ

　朝、子どもを受け入れるときの保育者の対応や言葉かけはとても大切です。泣いている、表情が気になる、不安定な様子がみられる等、保育者が気づき、どのような対応をしているか記録しましょう。特に、具体的にどのような言葉かけをしているか、はたらきかけをしているかは重要です。タイミングや間の取り方等、詳しく観察してください。その後の子どもの様子や反応を記録し、担当保育者の意図を学びましょう。

ポイント②

子どもが主体的に取り組めるような援助を学ぶ

　身支度に時間がかかる子どもをクラスでよく見かけます。発達段階により一人一人異なりますが、援助をどの程度行うかが重要です。子ども自身が自ら取り組めるように見守る保育者の様子を観察してください。発達、時期（入園当初、クラスに慣れてきた時期、休み明け、週のはじめ、デイリープログラム等）、その日によって異なると思いますが、一人一人の日々の変化に気づき、個々のねらいをもった援助を保育者は考えています。子どもの主体的な姿を観察のポイントにしましょう。

ポイント③

子どもの「笑顔」と保育者の「笑顔」

　保育をするときに最も大切なポイントの1つに「笑顔」があります。登園時の子どもの表情がどのようになるかは、保育者の笑顔がとても大きな影響を与えます。保育者の笑顔を見て安心し、一日がはじまるのです。子どもを迎える朝は重要な時間です。実習生という立場でも、子ども達の前に立っている点ではまったく同じです。笑顔で明るく元気に子ども達を迎え、その様子を記録しましょう。

実習日誌の書き方

ポイント❶

事実を記録し、そこから学ぶ

　日誌は事実をありのまま記録することが大切です。その事実をもとに、そこから気づきにつながるようにします。ありのままを記録することは、簡単そうにみえますが、とても難しいことです。「自分の生活のなかの一場面を記録しましょう」と言われても、なかなか難しいと感じるのではないでしょうか。「客観的に観察しそのまま記録する」、子どもの言動、表情、行動等を通して振り返ること、これが子ども達の内面に近づく手がかりとなるのです。

ポイント❷（NGワード）

項目だけが並んだ実習日誌にしない

　子どもとの生活は毎日同じではありません。いろいろな日があり、子どもの姿があります。登園時はどうしても項目が同じになり、子どもの姿も似たような記録が並んでしまいます。朝の同じような生活のなかから、ちょっとした子どもの変化を見つけ、細かく記録することに慣れましょう。「登園する」という記録のなかに、子どもの細かい日々の違いに気づくことが大切です。昨日からの変化や言葉かけに対しての小さな反応等、毎日同じような項目が並んだ実習日誌の記録にならないように気をつけましょう。

まとめ

保育室内の環境、園庭の環境、下駄箱、テラス、多目的スペース（ホール）等、朝、子どもを迎えるときの環境が清掃からはじまり、どのように整っているか、どんな用意がされているか、保育者の意図を考えましょう。子どもの気持ち、活動の流れに沿った環境を記録に書いて学ぶことが大切です。

片付けをすませ、朝の会に参加する

場面の補足

順次登園してきた子ども達は、朝の支度をすませると、思い思いの遊びを楽しみます。好きな遊びから朝の会に移るまでの流れを、保育者と子ども達の姿をとらえながら考えてみましょう。

場面の補足

朝の会は、歌（朝の歌や季節の歌）やあいさつからはじまり、出席調べや日付の確認、天気の話などが取り入れられています。幼児クラスの場合は、お当番さんが号令を行う場合もあり、主活動などを含めた一日の生活の流れをみんなで確認します。

実習日誌を書いてみよう！

（場面における）子どもの主な活動

（場面における）実習生の目標

時間	子どもの活動	保育者の援助・環境構成	実習生の活動および気づき

実習日誌の添削例

（場面における）子どもの主な活動
朝の会に参加する。

（場面における）実習生の目標
朝の会を観察する。

時間	子どもの活動	保育者の援助・環境構成	実習生の活動および気づき
9：45	○好きな遊びをする。 ○片付けをする。 ○排泄・手洗いをする。	・子ども達の遊びを見守る。 ・片付けるように声をかける。 ・排泄・手洗いをするように声をかける。	・子ども達と一緒に遊ぶ。 ・子ども達と一緒に片付ける。 ・排泄・手洗いの様子を見る。
10：00	○朝の会に参加する。 ・お当番さんが前に出て号令をかける。 ・季節の歌を歌う。 ・朝の歌を歌う。 ・朝のあいさつをする。 ・今日のお当番紹介 ・出席調べ ・日付と天気の確認 ・今日の予定を聞く。	・朝の会を始める。 ・ピアノを弾く。 ・朝のあいさつをする。 ・お当番を紹介する。 ・出席をとる。 ・日付と天気を言う。 ・今日の予定を話す。	・朝の会に参加する。 ・朝の歌、季節の歌を一緒に歌う。 ・朝のあいさつをする。 ・朝の会に参加する子ども達の様子を見る。 ・今日の予定を聞く。

保育者の動きや声かけの記述にとどまっており、具体性に欠けます。子ども達が、朝の会に楽しく参加できるように保育者がどのような配慮をしているのかをとらえましょう。

保育者の動きと同様に、実習生の動きだけの記録にとどまっています。気づきを記述するヒントとしては、場面における「実習生の目標」である「保育者の動きや意図を読み取る」視点をもちながら援助や配慮について考えるといいでしょう。

（場面における）子どもの主な活動
クラスのみんなで朝の会に参加する。

（場面における）実習生の目標
朝の会を観察し、保育者の動きや意図を読み取る。

時間	子どもの活動	保育者の援助・環境構成	実習生の活動および気づき
9：45	○好きな遊びをする。 ○片付けをする。 朝の会から主活動へのスムーズな移行に必要な環境設定です。 子ども達にとって、朝の会の時間に今日の予定を聞くことは、その日の活動に期待をもつと同時に見通しがもてる機会になります。 ○排泄・手洗いをする。 ・準備ができた順に自分のグループの席に座る。	・子ども達の遊びを見守る。  ・片付けをはじめるように全体に声をかける。 ・机といすをグループごとに準備する。 本棚 机　机　机 机　机　机 ・子どもの様子を見ながら個別に声をかける。 ・クラス全体を見渡しながら確認する。	・子ども達と一緒に遊ぶ。 ・子ども達と一緒に片付ける。 ＊保育者は全体の動きを把握しながら次の準備を整えていることを学んだ。 ・子ども達を見守る。 ＊保育者は次の活動に入る前に子ども達の準備状況を確認することを学んだ。 保育者は、子ども達が気持ちのよいあいさつや返事ができるように、全体を見ながらも一人一人に気を配る時間を大切にしながらクラスの雰囲気づくりに留意しています。
10：00	○朝の会に参加する。 ・お当番さんが前に出て号令をかける。 ・朝の歌（おはようのうた）と季節の歌（みずあそび）を元気に歌う。 ・元気よくあいさつをする。 ・お当番さんの自己紹介 ・出席調べ（名前を呼ばれたら元気よく返事をする） ・今日の日付、曜日、天気についてみんなで確認する。	・朝の会を始める。 ・優しく声をかけながら号令をお願いする。 ・子ども達の様子を見ながらピアノを弾く。 ・笑顔であいさつをする。 ・お当番さんが一日がんばれるように応援する。 ・一人一人と目を合わせ、表情を見ながら出席調べ、日付、曜日、天気の確認をする。	・朝の会に参加する。 ＊前に出やすいように優しい眼差しで声をかけていた。 ＊子ども達が歌いやすいように、ペースやリズムに配慮しながら伴奏をしていた。 ・朝のあいさつをする ＊保育者が一人一人に気を配ることで、子ども達がうれしい気持ちになることがわかった。
10：20	・今日の予定を聞く。	・今日の予定を話す。	

「朝の会（4歳児）」における 保育・観察のポイント

ポイント❶
朝の会の前後の活動に留意する

順次登園してきた子ども達は、朝の支度をすませると、思い思いの遊びを楽しんでいます。朝の会は、急にははじめられません。保育者は、活動の前後に必ず子ども達全体に声をかけています。好きな遊びを終えて片付けに入り、排泄や手洗い等をすませて朝の会に移るまでの流れと環境構成をとらえましょう。

ポイント❷
保育者と子ども達とのかかわりに着目する

一日を気持ちよくスタートできるようにする工夫について考えてみると、「元気なあいさつ」「明るい歌声」「楽しい雰囲気」「クラスみんなの素敵な笑顔」など、キーワードをあげればきりがありません。朝の会の流れは、おおよそ決まっている場合が多いために、具体的な記述が求められる際にはどこに着目するべきかとまどうこともあるでしょう。実習生は、保育者と子ども達の自然なかかわりに着目して、「毎日のはじめまして」を大切にしたいものです。

ポイント❸
朝の会に参加する意味について学ぶ

朝の会は、一般的にクラス単位で行われる場合が多く、子ども一人一人が一日の流れや主活動などを確認したり、遊びに期待をふくらませる大切な時間になります。また、みんなで顔を合わせながら日付や曜日、天候の確認をしたり、季節の歌を歌ったりするなど楽しい時間も共有できます。保育には、子ども達の健やかな育ちを思う保育者の願いがあります。朝の会に参加することを通して、子ども達にとってどんな学びがあるのかについて考えをめぐらせてみましょう。

📝 実習日誌の書き方

ポイント❶
保育者の意図をつかみながら具体的に記述する

　幼児の場合は、一般的にクラス（集団）活動が基本です。朝の会では、クラスの仲間が集まってその日にはじめて顔を合わせる時間となります。1つひとつの活動に対して、実際に見聞きした事実のみを記述するのではなく、人的環境としての保育者の保育観や豊かな人間性に着目しながら、その表情や言葉かけについて理解を進めていくといいでしょう。

ポイント❷（NGワード）
簡略化した記述にとどめない

　朝の会は、主活動と違い形式が決まっていることが多いため、実習日誌も簡略化した記述になりがちです。「朝の会に参加する」「朝のあいさつをする」など動きの記述だけにとどめずに、子どもや保育者の様子や実際のかかわりについて具体的に記述しましょう。その際、保育者が、子どもの発達に合わせてどのような意図をもって会を進行しているのかについて十分観察する必要がありますので、併せて考えていきましょう。

まとめ

実習園の一日の流れについては、事前のオリエンテーションで確認ができていますので、実習生であってもある程度流れの予測が可能です。しかし、「いつ」「どのタイミングで」「どのような活動が行われるのか」について考えるのならば、より具体的な記述が求められます。
朝の会が、子ども達の成長にとってどのような意味があるのかについて、じっくり観察する力が求められます。

一人遊びから先生と一緒に遊んで楽しむ

クルクル

場面の補足

低年齢児、特に0歳児の遊びは、一人遊びが中心です。遊びの内容も、個々さまざまです。一人遊びを行っている場合には、言葉をかけることなくそうっと見守りましょう。一人遊びの時間を保障することも保育では大切です。遊びを通して物の性質や感触などさまざまなことを自ら学んでいる時間なのです。

葉っぱに
かたつむりが
いるね

場面の補足

0歳児期は、信頼をしている保育者とのかかわりも、人として生きていくうえでの大切な遊びの1つになります。子どもが、こちらを向いたり、声を発するなど、サインを出してくれたら、視線を合わせて微笑んだり、言葉をかけるなどし、子どもが喜ぶような触れ合いを行いましょう。

実習日誌を書いてみよう！

（場面における）子どもの主な活動

（場面における）実習生の目標

時間	子どもの活動	保育者の援助・環境構成	実習生の活動および気づき

実習日誌の添削例

添削前

（場面における）子どもの主な活動
園庭遊び

（場面における）実習生の目標
子ども一人一人の興味ある遊びを知る。

時間	子どもの活動	保育者の援助・環境構成	実習生の活動および気づき
9：30	○おやつ（補食） ・手を洗い、着席する。 ・いただきますをする。	・おやつを食べる準備をする。 ・手洗いをうながす。 ・座らせる。 ・名前を呼んだり、手遊びをして、集中させる。 ・おやつを配り、いただきますのあいさつをする。	・子どもの手洗いの手伝いをし、終わった子から順番に座らせる。 ・一緒に手遊びをする。 ・おやつの様子を観察する。
9：50	○園庭遊び ・帽子をかぶる。 ・靴をはく。一人ではけなくて泣いてしまう子もいる。 ・それぞれ好きな遊びをする。	・園庭遊びの準備をする。 ・帽子をかぶらせる。 ・靴をはかせる。 ・子どもの遊びを見守る。 ・危険なときは注意をする。	・帽子をかぶる手伝いをする。 ・靴をはく様子を観察する。靴を一人ではけない子の手伝いをする。 ・Aちゃんがそばに来たので、一緒に砂場で遊ぶ。 ＊保育者は、子どもが好きな遊びができるように、言葉をかけたり、道具を用意したりしていた。

保育者の援助・配慮を記入する際には、「なぜ」「何のために」その援助・配慮を行うのか、保育の意図を考えながら記入できるとよいですね。また、「～せる」「～させる」ではなく、「～できるように援助する」「～のために言葉をかける」等、子どもを主語にした表現ができると保育記録らしくなります。

実習生の動きはある程度記述されていますね。せっかく保育に参加をしているわけですから、保育に参加をしていて気づいたことや保育者から学んだことも記述しましょう。

（場面における）子どもの主な活動

子ども一人一人が好きな遊びに夢中になれる。

（場面における）実習生の目標

子ども一人一人の育ちを理解し、興味や関心のある遊びを満足するまで行える環境を整える。

時間	子どもの活動	保育者の援助・環境構成	実習生の活動および気づき
9：30	○おやつ（補食） ・援助をしてもらいながら手を洗う等、おやつの準備を行う。 ・手遊び（ひげじいさん）を楽しみながら配膳を待つ。 ・おやつをいただく。	・おやつを食べる準備をする。 ・言葉をかけながら手洗いの援助をする（B保育士）。 ・準備が整うまで手遊びを行い、楽しみながら待てるよう配慮する（A保育士）。 ・言葉をかけながらおやつを配膳する（C保育士）。 ・楽しくいただけるよう、配慮・援助を行う（A・B・C保育士）。	・保育士の真似をしながら援助を行った。 ＊手洗いからいただきますまでの保育士同士のチームワークがよく、子ども達が楽しくおやつを食べているなあと感じた。私は、何を話していいのかわからず、その場にいることで精いっぱいになってしまった。
	記録から、子どもの姿がある程度想像できますね。特に0歳児の場合は、子ども個々の活動が異なります。子どもの活動の欄では、第三者が読んで、子どもの姿が思い描けるように記述するとよいでしょう。		保育に参加をするなかで気づいたことや感じたことが、記述できています。「実習生の目標」を意識した内容にもなっていますね。
9：50	○園庭遊び ・準備を行う（帽子をかぶる、靴をはく等）。 ・葉っぱを触って遊ぶ、石を拾って遊ぶ、砂場でスコップを使って遊ぶ、保育士のそばにいることを好むなど、それぞれが興味・関心のある遊びを行う。	・園庭遊びの準備をする。 ・帽子をかぶる、靴をはく等、自分でできたという気持ちがもてるような援助を行う（A・B・C保育士）。 ・子どもの安全に配慮し、個々の子どもの必要に応じて言葉をかけたり、一緒に遊んだり、遊びが発展しそうな道具を準備したり、遊びを見守る等の援助・配慮を連携して行う(A·B·C保育士)。	・帽子をかぶる手伝いをする。 ＊帽子をかぶる、靴をはくだけでも、一人一人の姿が異なると感じた。自分で靴をはこうとしている姿を見て、思わず手伝いたくなってしまった。 ＊0歳児は、一人ずつ好きな遊びをするのだと感じた。保育士は、ただ遊ばせているのではなく、ときには言葉をかけながら、子どもの遊びが広がる配慮をしているのだとわかった。

35

「午前の自由遊び（0歳児）」における 保育・観察のポイント

ポイント❶
「できた」「できない」で判断をしない

　子どもを観察する場合、子どもの行為を「できた」「できない」という結果で判断をしがちです。子どもとのかかわりで大切なことは、結果をみて判断をすることではなく、できるまでの経過を理解し、ときには見守り、ときには援助をし、最終的には、子どもが「できた！」と達成感を感じられるように援助することです。子どもの行為を観察する場合も、子ども一人一人の異なる過程を肯定的な視点で観察し、理解することが求められます。

ポイント❷
「何をするのかな」「どうするのかな」という視点をもとう

　子どもの行為は柔軟性に富んでいます。「0歳児はこうあるべき」と、0歳児の姿を固定して考えてしまうと、0歳児本来の姿を見失ってしまいます。さらに、行為も一人一人異なります。ですから0歳児を観察する場合、皆さんが先どりして考えず、「何をするのかな？」「これからどうするのかな？」という、期待をもった視点を心がけてみましょう。そうすることで、子どもの行為をありのまま、ていねいに観察することができます。

ポイント❸
言葉をかけることだけが援助ではない

　0歳児は、一人遊びを行う時期です。その姿は、とてもかわいらしく感じられるでしょう。思わず、言葉をかけてしまいたくなりますが、子どもの立場になって考えてみましょう。子どもは一人遊びに夢中です。遊びに集中しているのです。物の性質や感触などを一生懸命学んでいるところなのです。そのような場合は、言葉をかけて邪魔をせず、そうっと遊びを見守ることも援助といえます。助けが必要ならば、子どもからサインを出しますから、一人遊びを行う子どもの環境を保障しましょう。

実習日誌の書き方

ポイント❶
肯定的な表現を心がけて

　記録を残す場合、「泣きやまない子」「落ち着かない子」「騒がしい子」等の否定的な表現を避けましょう。「泣いて意思表示をしている子」「さまざまなことに興味を示す子」「元気のある子」等、できる限り肯定的な表現を心がけましょう。これは、子どもを理解する場合にも必要となります。人を否定的にとらえると、短所ばかりが気にかかってきます。一方、人を肯定的にとらえることで、その人のよい部分が発見でき、長所を育むことにもつながるのです。

ポイント❷（NGワード）
大人の考えを押しつけるような表現は使わない

　日誌を書くうえで、「〜せる」「〜させる」という表現は避けましょう。これらの表現は、大人の一方的な考えを子どもに押しつけ、子どもの意思を無視していることになります。保育の表現ではありません。例えば、「座らせる」ではなく、「子どもが座れるよう言葉をかける」と表現するのです。同じ内容ですが、印象がまったく異なります。主語を子どもにして表現を考えると、子どもが主体となる記録になります。

 ## まとめ

　0歳児期の子どもの遊びは、一人遊びまたは保育士とともに遊ぶことが中心です。また、遊びへの興味・関心は、個々さまざまです。一人一人が安心してじっくりと遊びに取り組むためには、一人遊びが保障できる環境を整備する意識が求められます。また、子どもの遊びを肯定的な視点でとらえ、遊びの過程を大切にすることも、子どもの育ちには大切です。

見立て遊び、ルールのある遊びなどを楽しむ

場面の補足

ごっこ遊びでは物の見立てをしたり役になりきったりしながら、自分の世界に入り込んで遊ぶことを楽しみます。保育者は必要に応じて、イメージを助ける小道具や空間を提供したり、子どもと一緒につくることを提案したりしましょう。

場面の補足

同じ場所で同じ遊びを楽しんでいても、一人一人の思う遊びのルールやイメージには少しずつ違いがあります。大勢の子ども達が遊びにかかわっている場合には、ルールやイメージを確認したり話し合ったりする機会を設けるようにしましょう。

実習日誌を書いてみよう！

（場面における）子どもの主な活動

（場面における）実習生の目標

時間	子どもの活動	保育者の援助・環境構成	実習生の活動および気づき

場面❹　午前の自由遊び（3歳児）

実習日誌の添削例

（場面における）子どもの主な活動
　　　　好きな遊びを見つけて遊ぶ。

（場面における）実習生の目標
　　　　子ども達がどんな遊びをしているのか観察する。

時間	子どもの活動	保育者の援助・環境構成	実習生の活動および気づき
9：00	○登園・自由遊び ・登園してきた順に自由遊びをする。	・好きな遊びで遊ぶようにうながす。 ・集まる時間を伝える。	・何をして遊びたいか、子どもに聞く。
	・ままごとで遊んでいる子もがいる。 ・鬼ごっこで遊んでいる子もがいる。 ・砂場で遊んでいる子どもがいる。	・子ども達が遊んでいる様子を見守る。	・ままごと遊びをしている子ども達の様子を見る。 ・鬼ごっこで遊んでいる子ども達の様子を見る。
10：00	○片付け ・片付けの時間になってもなかなか片付けない子がいる。	・片付けをするようにうながす。	・片付けをうながす。

保育者や子どものいた場所、遊具の配置なども図や言葉で記入しましょう。

そのときの状況がよくわかるように、実際に子どもが行ったこと、保育者・実習生が話した言葉などは、わかりやすく記入しましょう。

40

（場面における）子どもの主な活動
好きな遊びにじっくり取り組む。

（場面における）実習生の目標
遊びの発展の仕方に着目しながらかかわる。

時間	子どもの活動	保育者の援助・環境構成	実習生の活動および気づき
9：00	○登園 ・朝の支度をする。 ・好きな遊びをする（ままごと、鬼ごっこ、積み木、粘土、等）。 ○自由遊び（ままごと） ・キッチンやテーブルを並べておうちをつくり、遊びをはじめる。 ・「今日は○○ちゃんの誕生日にしよう」と話す。 ・ゼリーカップをカップケーキに見立てて、誕生日会ごっこをする。	・環境を整えて、子ども達を迎え入れる。 入口 廃材入れ　ロッカー じゅうたん ・ままごとの場所を十分に確保し、クラス全体が見える場所で遊びを見守る。 ・ままごとのルールやイメージが広がるよう「遊びに使ってもいいよ」とゼリーのカップを渡す。	・廃材入れの中に入っているものを確認する。 ＊カップやペーパー芯などを遊びに合わせてすぐに出せるよう準備をしていた。 ・「おじゃまします」と声をかけて、ままごと遊びに入る。 ・買い物に行く役を演じながら、ほかの遊びの様子を観察する。 ＊遊びの雰囲気を壊さないように参加する。
10：00	○片付け ・「まだ遊びたい」と言ってなかなか片付けはじめない子がいる。 ・自分が遊んだもの以外のおもちゃも進んで片付けようとする子がいる。	 ひも　保 ○子ども ・ひもで大きな輪をつくり、そのなかに集まるように声をかける。 ・進んで片付けをしていた子に「ありがとう」と声をかける。	・まだ遊びたい様子の子に「この後はどんなことがはじまるのかな」と声をかける。 ＊次の活動に意欲がもてるよう配慮することを学んだ。

> 子どもの言動を受けて、保育者が素材を提供したり、声をかけたりしている様子が記述されています。子どもと一緒に保育をつくる姿勢が感じられます。

> 子どもが登園してくる前から保育ははじまります。その日、どのような活動が展開されるかを予想し、遊びがより深まるよう事前の準備をしておく必要があります。

「午前の自由遊び（3歳児）」における 保育・観察のポイント

ポイント❶
保育者が遊びをどのようにとらえてかかわっているのかを学ぶ

　自由遊びにおいて保育者は「教える」「指導する」という立場ではなく、子ども達とともに遊びを進める仲間としてかかわります。そのときただ好き勝手に遊ぶのではなく、保育のねらいを意識した援助を行います。そのために保育者は事前に環境構成を綿密に行ったり、遊びを通して友達関係が育まれるよう遊びを提案したりします。さりげなく行われることが多いので、よく観察していないと見落としてしまうかもしれません。どのような環境構成を行い、かかわっているのかを詳しく観察しましょう。

ポイント❷
子どもの気持ちを肯定して接する

　遊びを進めていると、子どもからは思いもよらない発想が飛び出すことがあります。ある程度、時間や方法に融通の利く自由遊びだからこそ、子どもの思いを大切に受け止め、やってみたいことに挑戦する機会をもつようにしましょう。一斉保育のなかでは気がつきにくい、その子の個性や感性を発見する機会になることもあります。安全性や社会マナーなどは常に配慮すべきポイントですので、子どもからの提案を行動に移す前に担任の先生に確認をとってから実践しましょう。

ポイント❸
「幼児期」＝「友達とのかかわり」にとらわれすぎない

　遊びを通して人とかかわる力を育むことはとても重要なことです。しかし、あくまで子どもの発達の過程や関心事に合わせて考える必要があります。ブロック遊びなど没頭して遊べる遊びに取り組んでいる子どもに対し「一人で遊ぶんじゃなくて○○君と一緒に遊んだら？」とほかの遊びや友達につなげようとするのは、せっかくの遊びへの意欲を削いでしまうことになりかねません。幼児期だからといっていつも「大勢の仲間と一緒に」楽しむことが大切なのではなく、集団としてのかかわりを育むとき、個の充実を大切にするときを状況によって見極めることが大切です。

実習日誌の書き方

ポイント①
子ども達の様子をエピソードとして記録する

　保育のなかで印象に残ったことについて、子ども達同士が話していた内容や、だれとだれがかかわっていたのか、何を使って遊んでいたのか等を具体的に記録しておくようにします。その記録が、子ども達同士の関係性や、遊びの発展などに着目する材料となります。また、具体的に書くことで、同じ場面をほかの人が見た場合に、どのようにとらえられるか意見を聞くことができます。

ポイント②（NGワード）
子どもの言葉や行動を「考察」しましょう

　「かわいいなと思います」「えらいなと思いました」というような実習生の感想や、「遊んでいました」「話していました」という事実の羅列だけでは、保育をみる視点は深まっていきません。子ども達の言動にはどのような意味があったのか、なぜそうした（そうなった）のかを考え、日誌に記録するようにしましょう。考えたことを記録しておくことで、指導担当の先生にアドバイスをいただけるだけでなく、後々振り返ったときに保育の見方が徐々に変わっていく自分に気がつくことができます。

 まとめ

　自由遊びには決まった手順やルールはありません。また、さまざまな遊びが同時に行われているため、すべての人間関係や遊びの発展、会話などを把握することは困難です。実習においては、「今日はこの遊び」と決めて一日着目し、一緒に遊びのなかに入りながら様子をじっくり観察することで、子ども達に寄り添う方法もありますので、担任の先生に相談してみましょう。

言葉や音を使った表現遊び

場面の補足

　1週間前に読んだ「擬音語」が出てくる絵本に興味をもった子ども達。その後、遊びのなかでおもしろい擬音語を言い合いながら楽しむ姿が何人かの子ども達にみられることから、今日は擬音を使った遊びをすることにしました。

場面の補足

　保育者は「？」印がついた「不思議な缶」を登場させて、この缶からする音はどんな音かを発表していくゲームを展開していきます。おとなしいN君が答えを発表する番になりましたが、N君は少しとまどった様子を見せました。

実習日誌を書いてみよう！

（場面における）子どもの主な活動

（場面における）実習生の目標

時間	子どもの活動	保育者の援助・環境構成	実習生の活動および気づき

実習日誌の添削例

添削前

> **（場面における）子どもの主な活動**
> 　　　　言葉や音を使った表現遊び「なんの音かな？」

> **（場面における）実習生の目標**
> 　　　　ゲームにおける保育者の配慮点を学ぶ。

時間	子どもの活動	保育者の援助・環境構成	実習生の活動および気づき
10：20	○楽器の音あてゲームをする。 ・先生の話を聞く。 ・先生が鳴らした楽器の名前を答える。 ○「なんの音かな」をする。 ・先生の問いに次々と答える。 ・大きな声で発言する子と、発言しない子がいる。 ・缶を渡されても答えられない子がいる。	・ゲームに使う楽器の音を紹介する。 ・楽器の音あてゲームをする。 ・「？」と書かれた缶に耳をあて「ザーザーザー、なんの音かな？」と子ども達に聞く。 ・音の種類を変えて繰り返し質問をする。 ・次は一人の子どもに缶を渡して、「おせんべいを食べる音が聞こえるよ、どんな音かな？」と聞く。 ・一人の子どもが答えたら、次の子に缶を渡すように伝える。 ・答えられない子には、まわりの友達に助けてもらうように言う。 ・何度か質問を変えて繰り返す。	・子どもと一緒に先生の話を聞く。 ・子どもと一緒に考え、合っていたときには一緒に喜ぶ。 ・子どもと一緒に説明を聞き、答えを考える（子ども達が楽しめるように、保育者は簡単に答えられる音から質問をする）。 ・答えられない子を待つことができずに、騒がしくなってしまった子に注意をする。

> 保育者が活動を進めているときに、自分は何に気をつけて活動に参加していたのかを記すようにしましょう。

> ゲームを進める手順に偏った記述になっています。保育者が何に配慮して活動を進めているのかについてもなるべく記述するようにしましょう。

添削後

（場面における）子どもの主な活動

言葉や音を使った表現遊び「なんの音かな？」を通して、友達と表現し合う楽しさを分かち合う。

（場面における）実習生の目標

子どもの表現を受け止め、引き出す保育者の役割や配慮をとらえる。

時間	子どもの活動	保育者の援助・環境構成	実習生の活動および気づき
10：20	○楽器の音あてゲームをする。 ・保育者の出す不思議な音に興味をもつ子どもがいる。 ・知っている楽器の音がしたときに、元気よく答えを言う。	・子ども達に見えないように、ついたての後ろで楽器を鳴らし、音あてゲームを行う。 （中略） 入口 楽器　　（保） ついたて ○　　　　　○ ○　　　　　○ ○　　　　　○ ○　○　○　○　○　○ ○子ども	・子どもと一緒に先生の話を聞く。その際に音を聞くときには耳を澄ませて静かにすることが子どもに伝わるような表情を心がける。
	○「なんの音かな」をする。 （中略） ・おもしろい擬音を言う子に対して笑いが起こるなど、ゲームを楽しんでいる。 ・ふだんおとなしいN君が缶を渡されて少し困った表情をする。 ・困ったN君の様子を見て、活発なS君がN君にヒントを教える。 ・S君のヒントのおかげで、N君が小さな声で、自分なりの表現を口にする。	・一人の子どもに缶を渡し、「おせんべいを食べる音が聞こえるよ、どんな音かな？」と聞く。 ・すぐに答えられない子の答えをゆっくりと待ち、友達にヒントをもらってもいいことなどを伝え、自分なりの表現ができるようにする。 ・自分なりの表現ができた子どもの発言をほめて、子ども達がお互いの表現をみとめ合えるようにする。 ・全員に缶がまわるように質問を変えながら繰り返す。	＊保育者は導入としてふだんからなじみのある楽器で音あてをすることで、次の活動につながるように配慮している。 ・N君の答えを待つことに飽きている子ども達のそばに行き、N君が考えられるように一緒に待とうと声をかける。 ＊保育者は、ふだんおとなしいN君に対し、励ましたり、みとめたりする言葉をかけることで、自分を表現できるように援助している。

印象的だった子どもの様子を少し詳しく記すと、あとで読み返したときにためになる日誌になります。

自分が何に配慮して行動したのか、自分が学んだ保育者の配慮点について明記されています。

💡「クラス活動（設定保育、４歳児）」における保育・観察のポイント

ポイント❶
子どもが興味をもてるような活動の流れを考える

　設定保育の内容を決める際には、「子ども達が何に興味をもっているのか」「子ども達に何を経験させたいか」を考慮する必要があります。また、子ども達が活動に興味をもち、主体的に参加するためには、導入から展開までの活動の流れをしっかりと考える必要があります。特にこの事例のような活動では、クラスのみんなの前で何かを表現することに恥ずかしさを感じる子どもがいるため、そのような子どもでも活動を楽しめるような流れと雰囲気をどのようにつくるのかを考えることが大切です。

ポイント❷
子どもの表現を引き出すための保育者の配慮点を学ぶ

　言葉や音を使った表現遊びでは、一人一人がのびのびと自分の思ったことを表現する姿がみられることが最大のねらいとなります。そのために、保育者がゆったりした雰囲気をつくって子どもの表現を待ち、自信のない子には助け舟を出しながら、だれもが表現する楽しさを味わえるような活動にすることが大切です。
　一人一人の表現をクラス全体でみとめ合うような雰囲気をつくるために、保育者が配慮している事柄をさまざまな観点から読み取る努力をしてみましょう。

ポイント❸
子ども一人一人へのねらいがあることを学ぶ

　設定保育の場面では、つい全体に目が行きがちになってしまいますが、個々の子どもがどのように活動に参加しているのかを注意深く観察することが大切です。また、保育者は日ごろの子どもの様子から、「この子にはこうなってほしい」「この子のここをのばしてあげたい」など個々の子ども達に対するねらいをもって保育をしています。そのため、設定保育の場面でも、一人一人の子どもに対する言葉かけの仕方は違ってきます。保育者の意図がどこにあるのかを考えて観察すると、そのような個々の子どもへのねらいを読み取ることができるようになります。

✐ 実習日誌の書き方

ポイント❶
表面に見えることのみの記述にしない

　設定保育の場面では、保育者が何をどの順番で行ったのかということに気をとられ、日誌が表面的な記述になってしまいがちです。担任保育者が保育を行っているときは、子どもの様子をよく観察すること、保育者の言動にどのような意図が含まれているのかを読み取ることにも意識を向け、それらを日誌に記述する努力をしましょう。そうすることで保育者が個々の子どもに対してどのような援助を心がけているのかを理解でき、自身の子どもとのかかわりも豊かなものへと変化していくでしょう。

ポイント❷ （NGワード）
「〜がいる」「〜をする」という語尾に注意

　子どもの様子の詳しい記述や保育者の言動に含まれる意図の記述のためには、「○○な子がいる」や「○○をする」という語尾を用いた短い文章を避けましょう。特に保育者の意図を記述する場合には、「○○のため○○をする」「○○するよう○○」などの表現を心がけることが大切です。とはいえ、日誌の記述をすべてこのような表現にするということではありません。まずは一日の出来事を思い出し、そのうえでその日に印象に残った子どもの姿や、とらえることができた保育者の意図を記述していくとよいでしょう。

まとめ

　4歳児は、友達と一緒に過ごすことに喜びや楽しさを感じ、仲間とのつながりも深まっていく時期であるため、日々の生活のなかで子ども達がお互いにみとめ合う経験を重ねることが大切です。言葉や音を使った表現遊びにおいても、自分の表現が仲間にみとめられ、表現する楽しさを存分に味わう機会を保障したいものです。そのような雰囲気づくりをするための保育者の配慮について注意深く観察してみましょう。

発達に応じた制作活動
（染め紙遊び）

場面の補足

色水をつくるときには、保育者がすべて用意をしておくのではなく、興味をもった子ども達と一緒につくることもあります。子ども達が参加し、活動の導入にもつながっていきます。

場面の補足

障子紙を折るとき、初めは長辺を折り合わせ3〜4回折る単純な折り方から、じゃばら折り、三角折りなど折り方の変化をつけて色水につけ、染まる色の変化を楽しみます。できるだけ子ども達の発想を取り入れましょう。

✎ 実習日誌を書いてみよう！

（場面における）子どもの主な活動

（場面における）実習生の目標

時間	子どもの活動	保育者の援助・環境構成	実習生の活動および気づき

実習日誌の添削例

添削前

> **（場面における）子どもの主な活動**
> 　　　　染め紙をつくる。

> **（場面における）実習生の目標**
> 　　　　染め紙制作での保育者の援助の仕方を観察する。

時間	子どもの活動	保育者の援助・環境構成	実習生の活動および気づき
10：10	○興味のある子どもが色水をつくる。 ○自由遊び終了 ○片付け	・絵の具で色水をつくる。 ・色水、障子紙を用意 ・片付け ・排泄、手洗い、うがい	・色水づくりの手伝いをする。 ＊子どもたちが興味をもって楽しそうに行っていた。 ・排泄の援助を行う。
10：30	○朝の会をする。 ○染め紙のつくり方の説明を聞く。	・保育者の前に集まる。 ・見本を見ながら障子紙が染まっていく様子を見る。 ・材料を取りにきてもらう。	・集まるように言葉かけをする。 ・話を聞いていない子どもに話を聞くように声をかける。 ＊材料を取りにいくときに話を聞いていない子どもには、保育者が声をかけ意識をさせていた。
10：45	○染め紙をつくる。	・グループごとに分かれる。 ・障子紙を折り、角に色水を浸す。 ・紙に色が染まったら広げ乾かす場所に置く。	・グループのそばに行き、染め紙遊びを見守る。 ＊一度に皆が集まると混雑するので、グループごとに分かれ行うことで、混乱しないように配慮をしていた。

> 「〜もらう」という書き方は実習日誌の記録には適していません。言葉の使い方に気をつけましょう。

> 「させる」という表現は使用しないようにしましょう。

> 制作の過程に一人一人の個性が出ます。取り組み方の違い、飽きる、あきらめる、集中するなど、子ども達の様子を記録しましょう。

（場面における）子どもの主な活動

「染め紙遊び」を通じて活動の参加、興味につなげる。

（場面における）実習生の目標

制作活動「染め紙遊び」の子どもの様子や5歳児の発達に応じた保育者の援助の仕方を観察する。

時間	子どもの活動	保育者の援助・環境構成	実習生の活動および気づき
10：10	○興味のある子どもが色水をつくる。 ・絵の具の量を無駄にしないように色水をつくる。 ○片付けをする。 ・片付けをしないで遊び続けている子どもがいる。 ○排泄、手洗い、うがい	・子どもが準備できるように環境を整える。 ・足ふきマットや雑巾を用意し、周囲が濡れないように配慮をする。 ・片付けの少し前に声をかけ、主体的に片付けができる雰囲気をつくる。	・一緒に色水の準備をしながら、周囲が濡れないように足ふきマットや雑巾の準備をする。 ＊保育者は子どもの活動中、先の予測をしながら動くということを学んだ。子どもたちが次の活動に向けて、気持ちの準備が高まっていることを学んだ。
10：30	○朝の会をする。 ・あいさつをする。 ・歌「シャボン玉」を歌う。 ・朝つくっていた色水や染めた紙に興味をもつ。	・元気にあいさつをし、歌を歌いながら次の活動に期待がもてるようにする。 ・色水や染め紙に興味をもつよう提示する。	・子どもたちと一緒にあいさつし、歌を歌う。 ＊保育者の明るい雰囲気が子どもに伝わることを学んだ。活動に流れがあり、少しずつ導入をしていることを学んだ。
10：45	○染め紙をつくる。 ・グループごとに分かれて、色水の入った容器に折りたたんだ障子紙の角を浸す。自分が気に入った配色になったところで開き乾かす。 ・子ども達は、どんな模様になるかを会話しながら取り組んでいる。	・染め紙のつくり方を話す。いろいろな模様ができることを伝え、子どもが主体的に取り組めるように余裕をもった時間配分を考える。 準備台 ○○○　●　○○○ ○○○　　　○○○ ○○○　　　○○○ 乾燥台　　●保育者 ○子ども	・グループごとに話し合いながら染め紙づくりを行っていたので見守っていた。 ＊子どもたちが考えながらいろいろな模様を制作し、活動を楽しんでいることを学んだ。

制作の場合、保育者がつくり方を伝え、完成することだけが目的ではありません。失敗することも大切な経験になります。

活動の前の導入は大切です。子どもたちが興味をもつような言葉をかけたり、雰囲気をつくったりします。子どもが主体的に取り組めるような活動の流れを学んでください。

「クラス活動（設定保育、５歳児）」における保育・観察のポイント

ポイント❶
保育者が導入している意図を学ぶ

活動の前、色水をつくっているときに数名の子どもが興味をもっているようであれば、一緒につくる活動も取り入れます。子どもと一緒につくることで色水に触れ、次への活動に期待をもつような環境設定の意図を読み取りましょう。そこで、色水や染め紙に興味をもっている場合、話題が広がる可能性もあります。話している保育者との会話から子どもの様子を記録してください。

ポイント❷
子どもが制作に取り組んでいる過程の大切さを学ぶ

活動がはじまると、折り方の説明をしますが、すべて保育者が提供するだけでなく、子ども達がいろいろな折り方を試す時間も大切です。友達との会話のなかから発想を広げたり、折り方や染め方のバリエーションを楽しんだり、情報交換をしている場合もあるでしょう。制作は保育者の言葉がけ次第で、子ども達が試行錯誤をして考える大きな学びの時間になります。子どもの様子をしっかり観察し、記録しましょう。制作は完成することだけではなく、過程がとても重要なのです。

ポイント❸
環境設定の下準備の大切さを学ぶ

作品が出来上がると、濡れている作品を乾かす場が必要です。ほかにも色水を置く場所、色水はどんな容器に入れるか、いくつ設置するか、障子紙は何枚用意するか、紙の大きさはどの程度の大きさか、変化を楽しむために形は何にするか等、作品を完成させるまでにいろいろな準備があります。子どもがどのように動くかよく観察しましょう。子どもが主体的に動くような環境設定のあり方をたくさん学んでください。

実習日誌の書き方

ポイント①

保育者の環境設定を事前準備からしっかり記録する

　染め紙遊びの場合、色水をつくったり、乾かす場所の設置を考えたり、いろいろな準備が必要です。子どもの人数や動線がどのように設定されているのか観察しましょう。また、子どもと一緒に導入を行う場合、いつごろ、どのタイミングで声をかけているのかも重要です。水を使用するのでこぼれる可能性もあります。そのため、準備や、こぼれた水で滑って転ばないような安全性の配慮もあります。環境図も上手に利用しながら記録をしましょう。

ポイント②（NGワード）

制作の手順ばかりの記録にしない

　染め紙を完成させるための流れや気をつけなければならない点はたくさんありますが、保育者の計画の流れに沿うために保育者の意図や指導手順ばかりの記録になってはいませんか。「〜をする」「〜行う」等、動きばかりの記録は好ましくありません。手順を記録することも必要ですが、大切なことはそのときの子どもの様子（意欲や興味関心）や保育者の動き、子どもの変化に対応している様子等、いろいろな観点から記録するようにしてください。

 まとめ

染め紙遊びは色水をつくるところからはじまり、障子紙をいろいろな形に折り、染める行為を通して偶然のおもしろさに出会う遊びです。興味をもつと、繰り返し遊ぶ意欲を誘う楽しさがあります。
できた作品を使って別の遊びや制作、保育室の装飾にすることもよくみられます。七夕の短冊等、季節に合わせた活動や行事に取り入れる園もあります。子ども達の作品を保育の中心においている場合、保育者の意図をよく観察してください。

楽しくお昼ご飯を食べる

場面の補足

子どもが食事をしている様子を温かく見守りながら、楽しい雰囲気のなかで落ち着いて食事ができるように配慮します。

友達の様子を伝えたり、「おいしいね！」と保育者が食べて見せたりすることで、子どもの食べる意欲を引き出します。

場面の補足

苦手なものが食べられたときや、残さずに食べられたときには、タイミングを逃さずにほめるようにすることで、次も食べようとする意欲へとつなげていきます。

食べさせられたのではなく、「自分で食べた」という気持ちがもてるようにすることで、満足感や自信へとつなげていきます。

✏️ 実習日誌を書いてみよう！

（場面における）子どもの主な活動

（場面における）実習生の目標

時間	子どもの活動	保育者の援助・環境構成	実習生の活動および気づき

実習日誌の添削例

（場面における）子どもの主な活動
保育者や友達と一緒に食べることを楽しむ。

（場面における）実習生の目標
園での給食について知る。

> 何を見るのかが漠然としています。「実習生の目標」をより具体的に考えておくことで観察の視点が定まり、実習日誌が書きやすくなります。

時間	子どもの活動	保育者の援助・環境構成	実習生の活動および気づき
10：45	○給食の準備 ・手を洗う。 ・いすに座る。 **文末表現を統一しましょう。** **【例】** **○給食の準備** **○給食**	・机をふき、衛生的な環境を整える。 ・手を洗い終えていない子どもの名前を呼び、全員が手洗いできるように導く。	・机やいすを並べる。保育者とともに机をふく。 **実習生自身が楽しんだかどうかではなく、子どものために援助したことを書きましょう。**
11：15	○給食を食べる。 ・絵本をみる。 ・配膳を待つ。 **絵本のタイトルを書きましょう。**	・絵本を読み、落ち着いて配膳が待てるようにする。 ・給食の献立の話をすることで、配膳の時間を楽しく過ごせるようにしていた。	・子どもと一緒に絵本を楽しむ。 ・配膳をする。 **現在形で書きましょう。**
			保育の意図を書き加えましょう。
	・「いただきます」のあいさつをする。 ・給食を食べる。 **保育者が「食べさせる」のではなく、子どもが主体的に「食べられる」ようにします。** ・「ごちそうさま」のあいさつをする。	・友達の食べている様子や食べ物の名前を伝える。 ・お皿に少量残っている食べ物を集めて、残さず食べさせるようにする。 ・食べるのが遅い子どもに寄り添い、落ち着いて食べられるように配慮する。	・子どもと一緒に食事のあいさつをする。 ・食事をしながら子どもと会話をし、楽しい雰囲気を共有できるようにする。 ・食器をまとめ、片付ける。机や床の掃除をする。
	・おしぼりで手や顔をふき、保育者に仕上げをしてもらう。	・まだ自分で手や顔がふけないので、おしぼりでふいてあげる。	**「できる」「できない」という評価や、マイナスの表現は避けましょう。** **「～してあげる」という表現は、「恩恵を与える」という意味になります。恩着せがましい感じがするので、不適切です。**

（場面における）子どもの主な活動
保育者や友達と一緒に食べることを楽しむ。

（場面における）実習生の目標
子どもの食べる意欲を大切にした保育者のかかわりについて学ぶ。

時間	子どもの活動	保育者の援助・環境構成	実習生の活動および気づき
10：45	○給食の準備 ・手を洗う。 ・いすに座る。 机・いすなどの物の配置、保育者、子どもの位置を図示しましょう。	・机をふき、衛生的な環境を整える。 ・手を洗い終えていない子どもの名前を呼び、全員が手洗いできるように導く。 配膳台 畳スペース ロッカー ピアノ ● 保育者 ○ 子ども	・机やいすを並べる。保育者とともに机をふく。 ＊配膳準備にあたって、役割分担がされていた。保育者のチームワークが大切であることを学んだ。 ＊盛り付けをすませてから、速やかに配膳していた。子どもの食べたい気持ちや、食事をこぼさないことへの配慮であることを学んだ。
11：15	○給食 ・絵本『やさいだいすき』をみる。 ・配膳を待つ。 体調や好み、食事の量を把握して、一人一人に応じた援助がなされています。「完食した」という経験が、意欲や自信につながります。 ・「いただきます」のあいさつをする。 ・給食を食べる。 食べる意欲を育てようとしている保育者の援助に着目しましょう。「自分で」という子どもの思いを尊重している保育者の姿を読み取ることが大切です。 ・「ごちそうさま」のあいさつをする。 ・おしぼりで手や顔をふき、保育者に仕上げをしてもらう。	・絵本を読み、落ち着いて配膳が待てるようにする。 ・子どもの体調や食べきれる量に配慮し、盛り付けを加減する。 ・給食の献立の話をすることで、配膳の時間を楽しく過ごせるようにする。 ・友達の食べている様子や食べ物の名前を伝えることで、食べる意欲を引き出す。 ・苦手な食べものに挑戦する姿をみとめ、自分で食べた満足感がもてるようにする。 ・お皿に少量残っている食べ物を集めて、残さず食べられるよう助力する。 ・食べるのが遅い子どもに寄り添い、落ち着いて食べられるように配慮する。 ・自分でふこうとする姿をみとめつつ、仕上げふきをする。	・落ち着きがない子どもに寄り添い、子どもと一緒に絵本をみる。 ・配膳をする。 ＊除去食のお皿には印が付けられていた。誤食が起きないよう、配慮されていることを学んだ。 ・子どもと一緒に食事のあいさつをする。 ・食事をしながら子どもと会話をし、楽しい雰囲気を共有できるようにする。 ＊楽しい雰囲気を大切にしつつ、子どもに座り方や食器の持ち方をていねいに伝え、食事のマナーに気づけるようにしていた。 ＊「お皿ピカピカだね」と言葉かけをして、残さずに食べられたことへの満足感がもてるようにしていた。 ・食器をまとめ、片付ける。机や床の掃除をする。

「昼食（2歳児）」における 保育・観察のポイント

ポイント❶
楽しく、おいしく食事ができるようにするための援助を学ぶ

　楽しく、おいしく食べるには、食べる意欲を育てることが何より大切です。そのために、ほめたり、励ましたりしながら、子どもが自主的に食べようとする姿勢を尊重しています。個人差に応じて食材の大きさや固さを変えたり、食べきれる量を盛り付けたりなど、食べられた満足感がもてるようにもしています。保育者が仲立ちとなって、友達と一緒に食事が楽しめるよう工夫している点にも着目してみてください。

　また、物的環境では、テーブルクロスを敷く、戸外で食べる、食べやすい食器の大きさ、形、素材を選ぶ、落ち着いて食べられるよう空間を仕切るなどの工夫がされています。

ポイント❷
苦手な物を少しずつ食べられるようにするための援助を学ぶ

　食べ物の好みができ、苦手な食べ物を嫌がる子どもがみられるようになります。無理強いはせず、少しずつ食べられるように援助している様子を観察してください。例えば、嫌いなものの盛り付け量を減らす、一口でも食べられたらほめるなど、「自分で食べることができた」という経験を重ねられるように工夫がなされています。

　言葉かけの工夫によって気分が切り替わり、その場の雰囲気で食べられることもある時期です。例えば、スプーンに野菜をのせ、「にんじん飛行機が行くよー。ブーン！　大きなお口はどこかな？」など、乗り物や動物に見立てた言葉かけや、友達の食べている様子を伝えるなどの援助がなされています。

ポイント❸
箸を使って食べることに興味がもてるようにする援助を学ぶ

　2歳児は、スプーンやフォークから、箸を使って食べることへと徐々に移行させていく時期です。はじめは持ち方よりも、箸を使おうとする姿を認め、挑戦する意欲を引き出すことが大切にされています。食べにくい場合は、スプーンやフォークに持ち替えられるようにしながら、徐々に慣れていけるように配慮されています。

　遊びのなかでも箸を使う経験ができるような環境を整えている園もありますので、観察してみてください。

✎ 実習日誌の書き方

ポイント❶
保育者の行動だけでなく、保育の意図も書く

　「実習生の活動および気づき」を書く場合には、保育者の「行動の記述」と「保育の意図」を組み合わせて記述しましょう。例えば、「食事をしながら子どもと会話をし（行動の記述）、楽しい雰囲気を共有できるようにする（保育の意図）」となります。

　保育者の行動には、必ず子どものための意図があります。子どもの興味・関心を引き出したり、充実感や満足感がもてるようにしたりするなど、子どもを第一に考え、主体性を大切にした保育の意図を考えることがポイントです。

　自分が考えたことと、保育者の意図が異なる場合もあるでしょう。それを学びのチャンスと受け止め、なぜそのように行動したのかを保育者に教えてもらうことで、保育をとらえる視点が豊かになっていきます。

ポイント❷（NGワード）
「否定的な表現」を用いない

　子どもの姿や保育者の援助を記述する場合、「否定的な表現」は用いないようにしましょう。

　例えば、「話が聞けない子ども」という記述は、子どもを否定的にとらえ、「できる」「できない」という視点で評価している印象を与えます。その他にも、「〜してしまう」「〜してくれない」なども同様です。これを肯定的な表現に言い換えるならば、「気持ちが落ち着かない子ども」が一例としてあげられるでしょう。

　子どもを尊重し、伸びていく可能性を見据えた肯定的な表現を選ぶよう、常に心がけましょう。子どもや保育者のよさを見つける視点を養うことがとても大切です。

 ## まとめ

自分でやろうとする意欲が強くなるこの時期では、食事の面でも「自分で」という気持ちを大切にした援助がなされています。食事の準備や片付け、箸を使うことに挑戦できるようにしたり、食事のマナーに気づけるようにしたりしながら、食生活に必要な基本的な習慣や態度も少しずつ身につけられるように工夫されています。また、個人差に十分配慮しながら、友達と一緒に食べる楽しさも味わえるようにもしています。
これらの視点から保育を観察し、具体的な援助方法を学んでください。

昼食の準備から
片付けまで

場面の補足

中心となる活動が終わり、排泄、手洗い、昼食の準備など子ども達が座るまでにさまざまな行動がみられます。

行動が切り替わるときの子どもの状態を全体を見渡しながら、保育者は把握しています。

場面の補足

グループで座って食事をする楽しい時間です。会話をしながら食べる子ども、食べることが好きな子ども、苦手な食べ物をがんばって食べようとする子どもなど、さまざまな姿がみられます。

実習日誌を書いてみよう！

（場面における）子どもの主な活動

（場面における）実習生の目標

時間	子どもの活動	保育者の援助・環境構成	実習生の活動および気づき

実習日誌の添削例

添削前

（場面における）子どもの主な活動
昼食を食べる。

（場面における）実習生の目標
子ども同士のかかわり方を見る。

時間	子どもの活動	保育者の援助・環境構成	実習生の活動および気づき
11：15	○片付け ○手を洗い、給食の準備をする。	・給食の準備をする。	・片付けをする。 ・保育者とともに給食の準備をする。
11：30	○給食 ・「いただきます」と言って食べる。 ・おしゃべりをしながら食べる。 ・おかわりをする。	・当番に「あいさつをお願いします」と言う。 ・子どもと一緒に給食を食べる。 ・おしゃべりをしないよう、指導をする。 ・周りの様子をみる。	・「いただきます」と言う。 ・子どもと一緒に給食を食べる。
12：00	・みんなで「ごちそうさまでした」と言って、食器を片付ける。 ・いすを元の場所へ戻す。 ・歯磨きをする。	・当番に「あいさつをお願いします」と言う。 ・歯磨きをさせる。	・「ごちそうさまでした」と言う。 ・食器を片付ける。 ・机をふく。掃除をする。

「～させる」「指導する」は、保育者が主体となっており、実習担当者に誤解を招くことがあります。子どもが主体であり、援助者としての視点で表現することを意識しましょう。

保育者や実習生の動きだけにならないよう、子どもの具体的な行動、保育者の援助や配慮を通して、1つひとつの意味を考え、記述をしましょう。

添削後

（場面における）子どもの主な活動

友だちと一緒に、楽しい雰囲気のなかで昼食を食べる。

（場面における）実習生の目標

子ども同士のかかわり方を、昼食の場面を通して見て学ぶ。

時間	子どもの活動	保育者の援助・環境構成	実習生の活動および気づき
11：15	○片付けをする。 ・時計を見て、周りにいる子ども達に声をかけながら、片付けをはじめる。 ・使った用具を決められた場所へ片付けている。 ・保育室へ戻り、排泄をする。 ○給食の準備をする。 ・手を洗う。 ・給食袋を持ち、自分の席へ座る。	・片付けしやすいように、用具入れを準備しておく。 ・ほとんどの子どもが保育室に入ったことを確認して保育室に戻る。 アレルギー食の子どもは誤食がないよう離れた場所へ座る。 保育者はすぐ動けるようどちらかの端に立ち配膳する ・給食を配膳する。 ・一人一人が食べられる量であるか確認をする。 ・アレルギー食の子どもの配膳を先にする。	・保育者が声をかけなくても、時計を見て行動しており、時間を意識していることを感じた。 ・子どもと一緒に保育室へ戻る。 ＊保育者は全体を見渡し、子どもの状況を確認しながら、行動をしていることを学んだ。 ・給食の配膳をする。 ・食べる量には個人差があり、調整することで、全部食べられたという意欲につながると感じた。
11：30	○給食を食べる。 ・あいさつをして食べはじめる。 ・友だちとの会話を楽しみながら食べている。 ・苦手な食べ物を食べようとしている。周りの子ども達が励ましている。 ・おかわりをして食べている。	・当番に声をかける。 ・全員、食べはじめたことを確認してから給食を食べる。 ・話すことに夢中だったり、マナーが適切でなかったりする子どもには、近くへ行って言葉をかける。 ・苦手な食べ物を食べられたときは、一緒に喜ぶ。	・あいさつをして、給食を食べる。 ・食事のマナーについて、子ども達との間で決まったルールがあり、子どもの隣に行ってルールに気づくような言葉をかけていた。 ＊苦手な食べ物もがんばって食べようとする年齢であり、保育者が一緒に喜ぶことで、子どもの自信になることが理解できた。
12：00	○あいさつをして、食器を片付ける。 ・いすを元の場所へ戻す。 ・歯磨きをする。	・ほぼ食べ終わっていることを確認し、当番に声をかける。	・子どもが片付ける食器の位置に気をつけ、様子を見る。 ・机や床の掃除をする。

保育者も一緒に楽しい雰囲気のなかで食事をしながら、子ども一人一人の様子を見ることや、マナーに対する配慮について示されています。

2章

場面❽　昼食（4歳児）

「昼食（4歳児）」における 保育・観察のポイント

ポイント①
生活の流れの節目となるときの保育者の援助を知る

　　中心となる活動を終え、片付け、保育室へ戻り、排泄や着替え、手洗いをして昼食の準備と、あわただしく子ども達は動いています。自分で行動できるようになるため、保育者が援助をする場面はほとんどみられません。「動」から「静」へと切り替わるときです。保育者は、子どもの様子を把握しながら、必要に応じて言葉をかけたり、援助をしています。場合によっては、室内の環境構成（昼食の机の配置や保育者の立ち位置など）を変えることもあります。生活の流れの変化を見逃さないようにしましょう。

ポイント②
一人一人に合わせた食事が必要な理由を学ぶ

　　食事の量は一人一人異なります。また、食物アレルギーの子どもに対する配膳方法や外国籍の子どもの食文化の違い、体調がすぐれないといった健康状態で配慮が必要となることを理解しましょう。

　　幼児では苦手な食べ物も、がんばって食べようとする姿がみられるようになります。保育者は子どもの姿を見守り、食べられたときには言葉をかけ、一緒に喜びを共有するといった援助をすることで、食への関心、意欲へとつなげることが求められます。

ポイント③
楽しく食べる時間だからこそ守りたいマナー

　　保育者は、子どもが楽しい雰囲気のなかで食べられるよう、一人一人の様子を観察しながら一緒に昼食を食べます。子ども同士のかかわりが強くなり、会話をすることが楽しい年齢でもあります。同時に楽しく食事をする際には、マナーも必要となります。子どもと保育者の間で、どのようなルールが決められているのか、保育者の援助から、子どもがどのような反応をして行動をするのかを確認してみるといいでしょう。

✐ 実習日誌の書き方

ポイント❶
「実習生の目標」を意識した内容で記述する

　幼児の昼食の場面では、子どもの活動や保育者の決まった動き程度で、書くことが少ないと思いがちです。ここで、「実習生の目標」を意識するといいでしょう。そこでは、一日の実習を通して何を学びたいかが示されます。場面❽では「子ども同士のかかわり方」としているので、昼食の場面で、どのようなかかわりがみられたのかを記述してみましょう。記述をすることで、さまざまな生活場面での違いや保育者の援助の意図に気づき、考察を深めていくことができます。

ポイント❷（NGワード）
カギかっこ（会話）が多く使われている日誌にしない

　子どもや保育者が話した言葉をそのまま会話文で記述する際は、必要な場合のみとしましょう。もちろん、意味があってメモをとっていたのだと思います。それぞれの年齢での特徴や子どもの気持ちが現れている言葉であれば、実習生の気づきの項目に子どもの言葉の意味を整理することができるでしょう。また、自分の学びや気づきとなる言葉を日誌に残すことで、今後の実践で活用できます。会話文をだらだらと書き続けることのないよう、意識したいですね。

まとめ

生活のなかで、食事は生きる基本となる大切な役割の1つとなっています。食べることに意欲をもち、友達や保育者と楽しい雰囲気で食事をする経験を通して、社会性を身につけられる場でもあります。保育者が食を通して、どのような意味をもって環境を構成し、子どもとのかかわりのなかで、どのような場面で援助しているのかをしっかりと観察していくことが大切です。

排泄をすませて
心地よくお昼寝をする

場面の補足

　0歳児クラスの午睡場面。昼食を終えた子から着替えをして布団に入ります。午前中はお散歩に出かけたため、眠くてすぐに横になる子もいますが、まだ遊んでいたい子などもおり、一人一人異なる姿がみられます。

場面の補足

抱っこで眠る子、トントンしてもらいたい子、月齢や個性、保育者との関係性などによって姿はそれぞれです。人見知りの時期と重なる子も何人かおり、実習生がそばに行こうとすると泣き出す子もいます。

実習日誌を書いてみよう！

（場面における）子どもの主な活動

（場面における）実習生の目標

時間	子どもの活動	保育者の援助・環境構成	実習生の活動および気づき

実習日誌の添削例

添削前

（場面における）子どもの主な活動
　　　　気持ちよくお昼寝をする。

（場面における）実習生の目標
　　　　午睡の注意点を学ぶ。

時間	子どもの活動	保育者の援助・環境構成	実習生の活動および気づき
11：45	○昼食〜着替え ・昼食を食べ終えた子から着替えやおむつ替えをして布団に入る。	・着替えの援助をする。	・Aちゃんの着替えの援助をしようとしたら、泣き出してしまった。
12：00	○午睡 ・順次入眠する。	・布団に横になった子の寝かしつけをする。 ・日誌、連絡帳の記入をする。 ・壁の装飾をする。	・布団敷きの手伝いをする。 ・おもちゃの消毒をする。
14：30	○目覚め ・目覚めた子から着替えをする。	・着替えの援助をする。 ・カーテンを開ける。	・着替えの援助をする。

同じ「援助をする」という行為でも、年齢によってその内容は異なります。「何を」「どのように」「どのような意図をもって」援助していたのか、発達に応じた視点でとらえるようにしましょう。

日誌は行動記録ではありません。行ったことを記すだけでは不十分です。自分がなぜその行為を行ったのか、またどのようなねらいをもって行ったのか振り返りながら記録をすると「気づき」へとつながります。

（場面における）子どもの主な活動

気持ちよくお昼寝をして、午後の活動を行う。

（場面における）実習生の目標

午睡時における０歳児の姿と保育者の配慮をとらえる。

保育者から伝えていただいた子どもや保育者の行動の意味を積極的に書きとめておきましょう。机上では学べない実習の場ならではの学びがあります。また、援助や配慮の意味を１つずつ考えるようにしましょう。

時間	子どもの活動	保育者の援助・環境構成	実習生の活動および気づき
11：45	○着替え〜午睡 ・月齢の低い子は、おむつ交換台で横になって着替えをする。月齢の高い子はベンチに座って着替えをする。	・「汚れちゃったからお着替えしようか」と伝え、「手を通すね」「頭だすよ、バア」と１つひとつの動作に言葉を添えながら援助する。	・Ａちゃんの援助をしようとすると泣き出してしまった。 ＊「手を通すよ」と伝えると手を動かすなど、保育者の言葉を理解して「一緒に」着替えをしているようであった。
12：00	○午睡 ・順次入眠する。 ・布団に入ると、起きだして遊ぼうとする子がいる。 ・低月齢児は抱っこしてもらうと安心する。 ・担当保育者が下膳をしようと側を離れると「しぇんしぇー」と泣き出す子がいる。 ０歳児は個人差が大きく、一人一人異なる姿が見られます。主な姿を書くとともに、一人一人の姿を書きとめ、その後の参考にしましょう。	・布団を敷き、室温をチェックする。 ・「お布団、気持ちいいよ」「おもちゃさんにおやすみしようね」と優しい声で子どもを布団に誘う。 ・泣いた子に気づいたほかの保育者が代わりに下膳を行う。 ・５分おきに呼吸をチェックする。 （環境図は P.128参照） ・日誌、連絡帳の記入をする。 ・お散歩で拾った落ち葉やドングリを装飾にして壁に飾る。	・布団敷きの手伝いをする。 ・布団を敷く場所が決まっているのは、「いつもの場所」があることで落ち着いて入眠できるからだと教えていただいた。 ＊子どもの気持ちを受け止めながら、次の行動へと誘っていることに気づいた。 ＊保育者が互いの動きや子どもの様子を意識しながら、子どもの思いを大切にして援助していることに気づいた。 ＊散歩での経験や秋の自然を感じられるよう配慮しているのだと気づいた。 ・おもちゃの消毒をする。
13：30	・泣いて目覚める子がいる。	・「ここにいるよ、大丈夫だよ」と伝えながら背中をトントンする。	＊おもちゃをふきながら、安全面の点検や、子どもの興味を誘うような配置におもちゃを並び替えることも行うことを教えていただいた。
14：30	○午睡〜目覚め ・14時前に目覚める子がいる。 ・保育者が起こしても、なかなか起きない子がいる。 ・寝汗をかいている子がいる。	・再眠できるよう背中をトントンするが、眠くない様子のため、汗をふき、着替えの援助をし、検温をする。 ・日の光がさしこむようカーテンを開ける。	・着替えの援助をする。 ＊０歳児は新陳代謝がよいことを学んでいたが、個人差が大きいことにも気づいた。 ＊カーテンを開けることで、自然に目がさめるよう配慮していることに気づいた。

💡 「午睡の時間（0歳児）」における 保育・観察のポイント

ポイント①
眠りにつくまでの一人一人の子どもの姿から学ぶ

　0歳児は、眠くなったときに一人で布団に横になって眠ることは難しく、さまざまな気持ちを保育者に表現し、受け止めてもらうことで、安心して眠りにつくことができます。月齢が低い子は、特定の保育者に抱っこしてもらうことが安心感につながるかもしれません。場への慣れや月齢とともにしだいに布団で横になって眠れるようになりますが、保育者の存在は必要です。背中をやさしくトントンしてもらう、頭をなでてもらう、手を握ってもらうなど、眠るときに安心できるかかわり方が一人一人にあります。また、信頼できる保育者だからこそ、もっと遊びたい、甘えたいという気持ちを表出もします。まずは子どものさまざまな姿や表現している思いを観察してみましょう。そして保育者は子どもの姿や思いに対し、どのように応えているのかをとらえましょう。

ポイント②
複数の保育者の動きと連携に着目する

　0歳児は一人一人の生活リズムやペースが異なりますので、食事・着脱・午睡といった異なる生活場面が同時進行する時間帯もあり、保育者一人一人が異なる動きをすることになります。実習生は、特定の場面だけを追ってしまいがちですが、できる限り同時進行の場面それぞれに目を向け、複数の保育者がどのような動きをしているのかにも着目します。そうすると、保育者が互いの動きを意識して連携をとっていることに気づくことができるでしょう。0歳児では「特定の保育者との関係」が尊重され、集団保育でありながらも一人一人に対してていねいなかかわりが求められますが、それは保育者一人の力だけでは達成できません。ぜひ保育者同士の連携について観察を通して理解を深めましょう。

ポイント③
環境面の配慮に込められた保育者の意図を学ぶ

　0歳児の午睡場面では、安心して眠りにつける環境の設定（布団の位置・物音に敏感な子に配慮した午睡スペースの確保など）、窒息・転落防止等の配慮、室温や湿度の管理、衣服や寝具の調整等、環境面での十分な配慮が必要です。例えば、事務作業を行う際には、呼吸の確認ができるよう、午睡中の子どもの状態がよく見える位置で行っているはずです。また、おもちゃの消毒や安全点検、壁面装飾等も午睡時に行われることがありますが、安全面の配慮にとどまらず、子どもの興味や探索活動を引き出す配慮もしているかと思います。環境設定のなかで、保育者は子どもの姿をふまえたうえでどのような点に配慮しているのかに着目し、自らもどのような点に配慮すべきかを考えてみましょう。

✏️ 実習日誌の書き方

ポイント❶
一人一人の姿をとらえて書く

　午睡場面の子どもの姿を記録する際、場面の結果をとらえると「順次入眠する」の一文で書き表すこともできますが、入眠までの過程では「抱っこしてほしい姿」「背中をトントンしてもらい安心する姿」など一人一人異なる姿がみられるはずです。すべての姿を書き表すことはできませんが、特徴的な姿を2、3ピックアップしてみましょう。全体像を記した後に個別の姿を書くといいでしょう。そして、その子どもの姿に応じた保育者の援助を記しますが、その際に援助に込められた意図を1つずつ考えてみましょう。さまざまな「気づき」を得ることができるはずです。意図がわからなければ、保育者に質問をして確認してみてもいいでしょう。援助に込められた意図を学ぶことで、一人一人の姿に応じた援助のあり方について、学びが深まるでしょう。

ポイント❷（NGワード）
「〜させる」「〜してあげる」を使わない

　0歳児は保育者が援助をする側面が多い時期ですが、生活の主体は子どもということを忘れてはなりません。「着替えさせる」「抱っこしてあげる」というような言葉を知らないうちに使っていないでしょうか。保育者の役割は、子どもに「させる」ことでも「してあげる」ことでもありません。子どもの姿に寄り添い、可能性を引き出していくよう援助することが保育者の役割です。例えば着替えの場面では、子どもの心の状態をとらえ、子どもが「着替えたい」という気持ちになるような援助を考えていくことが必要なのです。記録の際に表現に注意することだけでも、「保育者主体」の保育から「子ども主体の保育」へと問い直すきっかけとなり、保育を見つめる視点が変わります。ぜひ実習中の記録を通して、そうした視点を身につけましょう。

 まとめ

　0歳児の午睡場面では特定の保育者にそばにいてほしいという気持ちが強く出ますので、そうした気持ちを受け止められるような配慮や連携がなされています。一人一人の子どもの思いを感じながら、その思いに対し保育者はどのように応じているか、集団保育という場のなかでどのように保育者間の連携をとっているのか、援助の意図や配慮の意味に着目しながら観察し、一人一人を大切にした保育に必要なことは何か考えてみましょう。

好きなことを見つけて遊ぶ

場面の補足

夏祭りの提灯の中から下げる飾りをつくっています。短く切ったストローとお花の形の色紙のひも通しです。

場面の補足

集中して通し終わると「ふーっ」と息をつく子もいます。「入れて」と来た子に席を用意したり、ひもがいっぱいになった子には、ビーズで止めてあげます。

実習日誌を書いてみよう！

（場面における）子どもの主な活動

（場面における）実習生の目標

時間	子どもの活動	保育者の援助・環境構成	実習生の活動および気づき

実習日誌の添削例

（場面における）子どもの主な活動
好きなことを見つけて遊ぶ。

（場面における）実習生の目標
2歳児の遊びを学ぶ。

時間	子どもの活動	保育者の援助・環境構成	実習生の活動および気づき
15：50	○好きなものを見つけて遊ぶ。 ・ひも通しをする。 ○絵を描いたり、ままごとコーナーで料理をつくる。	・短く切ったストローや花の形の色紙、ひも、ビーズを用意する。 ・ひもを通すのを見守り、ひもがいっぱいになったらビーズで止める。 ・子ども達の絵を描く様子を見守る。	・ひも通しの様子を見る。 ・一緒に遊ぶ。
16：40	○片付け ・トイレに行く。	・片付けをするように声をかけ、一緒に片付ける。 ・トイレに行くよううながす。	・子どもと一緒に片付けをする。
16：55	○降園。	・お迎えにきた保護者に子どもの様子を伝える。 ・さようならのあいさつをする。	・まだお迎えのこない子どもとおもちゃで遊ぶ。

> 実習生の動きだけではなく、気づきを記入することが大切です。

> 生活の流れの項目のみではなく、その場面の子どもの姿が伝わるように書きましょう。

> **（場面における）子どもの主な活動**
> 好きなことを見つけて遊ぶ。

> **（場面における）実習生の目標**
> おやつ後の2歳児の遊びの実際と保育者の援助を学ぶ。

時間	子どもの活動	保育者の援助・環境構成	実習生の活動および気づき
15：50	○好きなものを見つけて遊ぶ。 〈ひも通し〉 ・ひもにストローや花を選んで通す。通し終わると「ふーっ」と息をつく子もいる。 ・「入れて」とやりたい気持ちを言葉で伝える。 ・「できたよ！　みて、みて」と保育者に見せる。 〈絵を描く〉 ・「○○をかいているの」と話しながら描いたり、描き終わって「せんせい、なまえ、かいて」と伝える。 〈ままごとコーナー〉 ・料理をつくったり、お弁当箱に食べ物を入れる。	・短く切ったストローや花の形の色紙、ひも、ビーズを用意する。 ・ひもを通すのを見守り、ひもがいっぱいになったらビーズで止める。 ・「入れて」と来た子に席を用意する。 ・子ども達の絵を描く様子を見守り、「何を描いたの？」と子どものイメージを聞いたりする。	・ひも通しの様子を見る。 ＊「次はストローにする？お花にする？」と子どもが選ぶことを大切にしていることがわかった。また、製作活動もいっせいにするだけではなく、数人の興味や関心をもった子どもで進める方法を学んだ。 ・ままごとコーナーで、子ども達のつくった料理を食べる。 ＊自分のそばにいる子どもの遊びを見守るだけではなく、保育室全体に目を配れる位置に座ることが大切とわかった。
16：40	○片付け ・トイレに行く。自分でズボンをはこうとする。	・片付けをするように声をかけ、一緒に片付ける。 ・様子を見ながら、トイレに誘う。	・子どもと一緒に片付けをする。 ・トイレをすませた子どもの着替えを手伝う。 ＊裏返しになったズボンを直したり、前側を伝えたりと、子どもが自分でできるよう援助することが大切とわかった。
16：55	○降園。	・お迎えにきた保護者に子どもの様子を伝える。 ・さようならのあいさつをする。	

保育者が座る位置にも、保育者の意図があります。保育者が座る位置・身体の向きにも注目して観察しましょう。

排泄などの生活場面においても、子どもの自分でやろうとする意欲がみられます。子どもの意欲を汲んで保育者がどのように援助するのか観察しましょう。

「午後の自由遊び（2歳児）」における 保育・観察のポイント

ポイント①
子どもがどのように取り組むかを観察する

ひも通し、クレヨンで絵を描く、ままごとコーナーで遊ぶといった場面においても、子どもがどのように取り組んでいたかを観察しましょう。例えば、描きながらどのようなことを話したりするのか、どのようなものが描けるのか、クレヨンをどう持つかといった具体的な姿に注目してみましょう。ちょっとした遊びの場面、生活の場面にその年齢らしい発達の姿が現れています。

ポイント②
子どもの自分でやりたい気持ちと保育者の援助を観察する

2歳は、食事や衣類の着脱など身の回りのことを自分でしようとする年齢です。また3歳になると、このような身の回りのことはほぼ自立できる年齢です。したがって保育者は、遊びや排泄などの生活場面などあらゆる場面において、子どもの自分でやろうとする意欲を汲んでかかわります。子どもが自分でやりたいという気持ちをどのように伝えるのか、また子どもの気持ちを尊重した保育者の援助の実際をしっかりと観察しましょう。

ポイント③
複数担任の役割分担に注目して観察する

0・1・2歳児クラスは、複数担任制です。自由遊びの場面においても、それぞれの保育者がどのような役割分担をしているのか注目しましょう。1つの遊びのコーナーにつく保育者、おやつ後の後片付けをする保育者、排泄の援助を行う保育者など、実際の役割分担や連携について理解できるでしょう。それぞれの保育者がどこに座るのか、どこにつくのかという位置についても観察するといいでしょう。

✏️ 実習日誌の書き方

ポイント①
活動の流れの項目のみの記録にしない

保育・観察のポイントで注目した子どもの具体的な姿を、実習日誌の記入では簡潔に書く必要があります。ただし、「ひも通し」「クレヨンで絵を描く」「ままごとコーナーで遊ぶ」と書くだけでは、子ども全体の活動の内容は理解できますが、実習生の観察した個々の子どもの姿が記録として残りません。例えば「ひもにストローや花を選んで通す」と、実習生が観察した具体的な子どもの姿を少し書き加えておくと、後から振り返ったときに役に立つ記録になります。

ポイント② (NGワード)
「～させる」という表現は避ける

保育者の援助の基本は、子どもの主体性を尊重するところにあります。子どもに「～させる」という表現は避けましょう。例えば、「子どもにズボンをはかせる」と書いてしまいそうな場面も、保育者のかかわる様子を思い起こしてみると、「子どもにズボンをはこうねと声をかける」あるいは「子どもが自分でズボンをはけるように、ズボンを表に直す」と表現するほうが、適切に場面を表現しているということがあります。「子どもに～させる」ではなく「～するようにうながす」という表現を心がけましょう。

まとめ

0・1・2歳児クラスは、複数担任制であり、1人の保育者がみる子どもの人数が少なく人数配置がなされています。まだまだ言葉でのやりとりが難しかったり、人見知りがあったりと、実習生にとってはじめはとまどうことが多い乳児クラスですが、子どもと保育者のやりとりをじっくりと観察しやすいクラスです。各年齢クラスの様子や保育者の援助の実際をたくさん学びましょう。

おもちゃの取り合いによる
けんかの場面

場面の補足

自由遊びでは、保育者は子ども達がだれと、どこで、何を使って、何をしているか、何に興味をもっているかを把握するよう努めます。また、危険がないか、常に注意を払うことも必要です。

場面の補足

Ａ君が赤いバスを走らせて遊んでいたら、Ｂ君がやってきて、Ａ君が遊んでいた赤いバスを取って遊び始めました。
Ａ君が「僕の！」とＢ君からバスを取り戻そうとしますが、Ｂ君は「嫌だ！」と言ってバスを走らせています。
そばで遊んでいたＣ君が、別のバスをＡ君に渡しました。

✎ 実習日誌を書いてみよう！

（場面における）子どもの主な活動

（場面における）実習生の目標

時間	子どもの活動	保育者の援助・環境構成	実習生の活動および気づき

実習日誌の添削例

（場面における）子どもの主な活動
　　　　みんなで楽しく遊ぶ。

（場面における）実習生の目標
　　　　子どもと楽しく遊ぶ。

時間	子どもの活動	保育者の援助・環境構成	実習生の活動および気づき
13：00	○好きな遊びをする。 ・保育室で遊ぶ。 ・B君がA君のおもちゃを勝手に取ってしまう。 ・A君がおもちゃを取り戻そうとするが、B君は返さない。	・昼食後の片付けをする。 ・A君とB君の様子を見ている。	・子どもと一緒に絵本を読む。 ・A君が遊んでいたおもちゃをB君が勝手に取ったので注意する。 ・B君に注意してもA君におもちゃを返さない。おもちゃを勝手に取ったB君はいけないと思った。

保育者の対応を書くだけでなく、対応の背後にある保育者の意図も考えて記載しましょう。

子どもの発達段階を考慮しながら、それぞれの子どもの行為の意味や子どもの気持ちを考えて記述しましょう。

周りの子どもの様子も書いておきましょう。

（場面における）子どもの主な活動

室内にあるおもちゃで友達と楽しく遊ぶ。

（場面における）実習生の目標

子ども同士が楽しく遊ぶための保育者の動きを学ぶ。

時間	子どもの活動	保育者の援助・環境構成	実習生の活動および気づき
13：00	○好きな遊びをする。 ・保育室では、絵本を読んだり、自動車やバスを床に走らせたりしている。 ・A君が持っていたバスをB君は「ちょうだい」と言って取り、A君に背中を向けてバスで遊ぶ。 ・A君が「僕の！」と言ってバスを取り返そうとするが、B君は「嫌だ」と言う。 ・B君は実習生の言葉も耳に入らないようで遊び続ける。 ・A君とB君のそばで遊んでいたC君が、別のバスをA君に渡すと、A君は下を向きながら受け取る。	・昼食後の片付けをしながら、子ども達がどこで何をしているか見ている。 ・すぐに仲裁に入らず、A君とB君の様子を少し離れたところから見守りながら、子ども達の育ちや課題をとらえ、援助につなげる。 ［環境図：ピアノ／絵本棚／自動車バス（A・B・C）／実習生・絵本／保育者／ロッカー／水道］ ・バスのおもちゃはほかにもあるのに、なぜけんかになったのか、環境面も含めた対応を行う。	・D君とE君と一緒に絵本を読む。 ＊保育者は片付けをしながら、一人一人がだれと何をして遊んでいるかに目を配っていることを学んだ。 ・A君とB君に近寄り、B君に「無理に取ったらだめだよ」と伝える。 ・3歳児は、興奮しているときに貸し借りのルールについて言われても納得できないのかもしれない。また、床にはほかにもバスがあったことから、B君はA君が持っていたバスをどうしてもほしかったのだと思った。 ・友達にバスを渡すC君の姿から、C君には友達の様子をみてどうしたらよいか考え行動する力がついていると思った。 ・A君はくやしかったかもしれないが、C君の優しさを感じたため別のバスを受け取ったのかもしれない。 ＊保育者がすぐに仲裁に入らないことで、周りの子ども達が解決しようとする力を発揮できることを学んだ。

> 周りの子どもの様子や物の配置などを文字や図で書き止めておきましょう。場合によっては環境がけんかを引き起こすこともあります。

> 保育者は、まずそれぞれの子どもの行為や気持ちを受け入れましょう。

> それぞれの子どもの気持ちを考えて記載されています。

💡「午後の自由遊び（3歳児）」における 保育・観察のポイント

ポイント①

子どもの行為の理由を考える

けんかの場面では、「なぜこのような行為になったのか」と、子どもがそうせざるをえなかった理由を考えてみる必要があります。子どもの行為をどう理解するかで、子どもへの対応が異なってきますし、子どものなかに育っているものに気づくことがあるからです。

例えば、A君が遊んでいたバスを取ったB君は、「バスで遊びたかったのか」「A君が持っている物が欲しかったのか」「A君と一緒に遊びたかったのか」、それとも「少し前にB君に何かあったのか」など、子どもの気持ちを考えてみましょう。

ポイント②

保育者の対応とその意図を学ぶ

子どもがけんかをしているとき、保育者はすぐに仲裁に入るときもあれば、少し離れたところから様子を見守っていることもあります。周りの子ども達に何があったのかと聞いてみることもあります。

そこで、子どものけんかに対して、保育者はどんな対応をしているのかを学びましょう。保育者の仲裁の入り方、言葉かけの内容、見守り方（何をしながら見守っていたか、どのくらいの距離を保っていたか、など）、周囲の子どもへの聞き方など、保育者の対応を詳細に観察します。そして、なぜそのような対応をしたのかを考えます。保育者の対応とその意図を学ぶことで、子どものけんかに対する保育者のかかわりのありようがみえてきます。

ポイント③

子どもの力を信じて、子どもに任せることも大切

けんかが起きると、実習生は仲裁に入り、うまく解決しなければと思いがちですが、必ずしも大人が仲裁に入ることや、すぐに解決することがよいとは限りません。大人が仲裁に入らなくても、子ども同士で仲直りしていることもあれば、周りの子どもが間に入ってうまく解決してくれることもあります。その場ですぐに解決しなくても、そのけんかが結果的に子どもの成長につながることもあります。保育者が仲裁に入り、子どもに謝るよううながしたり、けんかが起きないようにルールを決めたりするだけでは、表面的な解決にしかならないことがあるのです。子どもの力を信じて、子どもに任せることはとても重要です。

実習日誌の書き方

ポイント❶

「なぜかな？」と理由や気持ちを考え、思いつく限り記述しておく

　子どもの言動や保育者の対応を記述しながら、「なぜ、子どもはこのようなことをしたのだろうか」「なぜ保育者はこのような対応をしたのか」と、その理由やそのときの子どもや保育者の気持ちを考えて、思いつく限り記述しておきましょう。1つではなく、複数記述することで、実習日誌を保育者に見てもらったときに、助言をもらいやすくなります。

　なにより、保育をするうえで、1つの考え方にとらわれることはとても危険です。あらゆる方向から物事を考え、子どもや保育者の行為の理由や気持ちをいくつか考えられるようになると、あなた自身が豊かな気持ちで保育ができるようになります。

ポイント❷（NG ワード）

性格などを決めつける言葉を避け、子どもの言動や反応をていねいに記述する

　子どもの言動や反応を記述する際には、「わがまま」「いじわる」と性格を決めつけたり、「悪い」「だめ」と判断を交えたり、「乱暴する」「勝手に」といった一方向的な見方となる書き方は避けます。こうした言葉を使わずに、（自分自身が見た）子どもの行為や表情と、（自分自身が聞いた）子どもが言ったことを、順序立ててていねいに記述しましょう。すると、一見、「わがまま」とか「乱暴」とみえた行為が、例えば「A君と一緒に遊びたかった」とか「物への好奇心が育っている」ために引き起こされた行為だったのだと理解でき、子どもの育ちのプロセスであると気づくことができます。

まとめ

子どもの成長にとって、けんかを経験することがどのような意味をもつか考えることが重要です。その場で解決せずに気まずいまま終わるような場合でも、子どもにとっては園の片隅で、または降園後に家で、もやもやした気持ちを抱えながらも、自分と友達とのやり取りを思い返したり、けんかした友達に思いをはせたりする機会になるかもしれません。そこで、保育者は子どもの力を信じて様子を見守ったり、子ども達にゆだねることも必要です。
けんかという出来事からその子の育ちや課題をとらえ、次の日からの援助につなげていきましょう。

子ども同士、知恵を出し合い協力して遊ぶ

場面の補足

午後の自由遊びは、子どもがゆったりとした気持ちで、安心して自分の遊びを展開できるように、温かく見守ります。また、気持ちがゆるみ、事故にあったり、けがをしたりしやすい時間帯でもありますので、十分安全に留意します。

場面の補足

この時間帯は、子ども同士が楽しく遊べるように保育者は見守ります。遊びが子どものアイデアをもとに広がるように、そのアイデアを拾い、必要に応じて援助していきます。また、子ども個々の様子にもていねいに目を向け、困っている子どもがいたら、その場に応じて対応していきます。

実習日誌を書いてみよう！

（場面における）子どもの主な活動

（場面における）実習生の目標

時間	子どもの活動	保育者の援助・環境構成	実習生の活動および気づき

実習日誌の添削例

添削前

（場面における）子どもの主な活動
　　　　自由遊び

（場面における）実習生の目標
　　　　　子ども同士の遊びの発展を見守る。

時間	子どもの活動	保育者の援助・環境構成	実習生の活動および気づき
13：00	○自由遊び…ままごと・ブロック・電車・お絵描き・制作・粘土 ・Aちゃん、Bちゃん、Cちゃんがままごとをする。 ・Bちゃんはいすのところで「風呂ね」と言う。 ・D君が来てお湯をかけるふりをして、Bちゃんと遊ぶ。 ・Mちゃんも入る。 ・E君が入ってくる。	・部屋をきれいにしてそれぞれの遊びを見守る。 粘土　折り紙 ままごと　制作　お絵描き ・保育者が青いビニールシートをMちゃんと敷く。 ・青いポンポンを置く。	・保育者とともに机の清掃をする。 ・保育者と一緒に青いビニールシートを敷き、ポンポンを、シートの上に置いてあげる。
13：30	・Aちゃんが保育者に聞いて、タオルを持ってくる。 ・Sちゃん、H君が入る。 ・ほかの子どもも、風呂遊びに入る。	・ポンポンをAちゃんの肩にかける。 ・ぶつかりそうなI君とKちゃんに注意する。 ・遠くに飛び散ったポンポンを拾って中に入れる。	・実習生も「入れて」と言って「風呂」に入る。 ・I君とKちゃん達を離れさせる。 ・一緒に風呂に入る。

子ども同士がアイデアを出し合って遊びを広げる様子を観察しながら、だれが見ても流れと子どもの様子がわかるように、具体的にわかりやすく、時系列で記入しましょう。

子どもの遊びが安全に主体的に広がるためには、保育者がどのように声かけや環境設定をしているのかを、具体的に絵や図を使って、わかりやすく記述しましょう。

実習生が保育者の保育実践から学びつつ、自ら実践していったことを、具体的に記述していきます。子どもの主体性を大切にするので、「させる」「あげる」は使わないようにしましょう。

自由遊びでは、子ども達が安全に気持ちよく過ごすことがまず基本です。特に午後の自由遊びは気がゆるみがちですので、その援助方法や配慮点を専門職の保育者からしっかり学びましょう。

添削後

（場面における）子どもの主な活動

昼食後、安心して楽しく、遊び込む。

（場面における）実習生の目標

友達と一緒にアイデアを出し合って遊びを広げる、子ども同士の遊びの発展を見守る。

時間	子どもの活動	保育者の援助・環境構成	実習生の活動および気づき
13：00	○自由遊び…ままごと・ブロック・電車・お絵描き・制作・粘土 ・Aちゃん、Bちゃん、Cちゃんがままごとをはじめる。 ・Bちゃんが近くの子どもいすを2つ向かい合わせて「ここはお風呂ね」と言って風呂に入るふりをする。 ・D君が「入れて、ここお風呂屋さんね」と言い透明のパック（洗面器のつもり）を2つ持ってきて湯をかけるふりをBちゃんとする。 ・Mちゃんが「入れて」と入る。 ・「入れて」とE君が入ってくる。	・個々の様子を見守りながら安全に心がけて清掃する。 　いす／粘土／折り紙 　ままごと／制作／お絵描き／電車／ブロック ・保育者が「青いビニールシート」を持ってきて、見ていたMちゃんに「お風呂屋さん手伝って」と誘い一緒に敷く。 ・さらに遊びが広がるよう「青いポンポン」を置く。	・保育者とともに机の清掃をする。 ・落ちている物やごみを拾い、安全に気持ちよく過ごせるよう、部屋をきれいにする。 ・子どもの遊びを見守る。 ・保育者と一緒に青いビニールシートを敷き、ポンポンを、シートの上に置く。 ・子どもの遊びが広がるよう、湯に見立てたポンポンを持って上から落とす。 ＊子どもの遊びが広がる保育者のかかわり方や環境設定を学んだ。
13：30	・Aちゃんが保育者に「タオルつかっていい?」と聞き、タオルを持って「温泉」と言い、お風呂に入る。 ・SちゃんとH君が入り、湯をかけるふりをする、頭をタオルでふくふりなどで遊ぶ。 ・電車遊びをしていた子ども達も、タオルを持って風呂遊びに入り、風呂から出てジュースや牛乳を飲むふりをして皆で笑い合う。	・湯をかけるふりをしているAちゃんにポンポンをかけて、一緒に風呂遊びを楽しむ。 ・狭いところにいるI君とKちゃんにぶつからないように注意をうながす。 ・遠くに飛び散ったポンポンを拾って中に入れる。	・実習生も「入れて」と言って「風呂」に入る。 ・近くにいる子ども達に、少し離れて、ぶつからないように遊ぶことを話す。 ・子どもと一緒に風呂遊びを楽しむ。

保育者による、子どもの遊びが主体的に広がるために行った環境設定が具体的に記述されています。また、遊びに入れない子どもへの配慮がわかりやすく書かれています。

保育者の援助や配慮に気づき、それらを見本にして自ら実践したことが記述されています。「気づき」は「感想」ではなく、実習生のさらなる実践へのもとであることに留意しましょう。

「午後の自由遊び（5歳児）」における 保育・観察のポイント

ポイント❶
全体に目を向け、子どもの遊びの発展を見守る

午後の自由遊びは、子ども達がリラックスして、気の合う好きな友達と自由に遊びを発展できる時間です。だれとどのような遊びを展開するのか、どのようにその遊びがはじまり、広がり、互いに協力していくのか。子どもがどのように遊びをつくり上げていくのか、その過程での子ども同士の関係性はどのように広がっていくのか、子どもが主体的に遊びを発展する姿を見守り、具体的に記述していきます。

ポイント❷
子どものアイデアを発展できるように援助する 保育者の姿から学ぶ

子どもが遊びを広げるには、単に子どもが自由に安全に遊ぶのを見守るだけではなく、見守りのなかでも子どもの言葉をみとめ、さらなる遊びへつなげていくことも大切です。子ども達の遊びの発展は、経験したことからの広がりです。互いに新たな経験を得られるような環境設定を行ったり、関係性が広がる声かけをして子どもの遊びへの意欲が増すように、支えていきます。

ポイント❸
子どもが心身ともにくつろいで、安全に過ごすための 環境設定を知る

午後の自由遊びでは、午前中すでに過ごしたうえに成り立っています。午前中の遊びよりも開放感があるため、注意力が散漫になることもあります。事故やけがにつながらないように、子どもの周りの環境に十分に気をつけながら、遊びを見守りたいものです。午後の遊びは、一日の活動の大半を過ごした後の遊びです。実習生もゆったりと子ども一人一人の内面をとらえ、共感して見守り、過ごせるように、気持ちのゆとりをもちたいものです。

✐ 実習日誌の書き方

ポイント❶
「何をして遊ぶ」だけでなく、遊びの過程に着目する

　　自由遊びの場面の記録では、「子どもが何をして遊んでいるのか」だけでなく、「その遊びが子ども同士でどのように発展していくのか」という視点で観察したことを書きます。

　　また、子どもが遊びを展開する過程で、保育者が留意していること（安全面、子ども同士の関係、アイデアの広がり）で気づいたことを書きましょう。

ポイント❷
子どもの主体的活動をとらえ、記録する

　　さらなる遊びの発展のために、保育者が子どものアイデアを汲み取って、どのような環境設定を行ったか、保育者の援助の意図を考えましょう。

　　そして、子ども一人一人が満足して遊びを広げるために、遊びに入れない子どもを誘ったり、いざこざの調整をしたりなど、困っている子どもへの保育者の対応を書きましょう。

 ## まとめ

　午後の自由遊びは、翌日の保育への思いや期待につながるものです。この時間に、保育者は今日一日の子どもの心身の様子などを瞬時に判断しながら見守り、子どもが満足して遊べるように見守ります。この事例では「子ども達が楽しく、さっぱりと気持ちよく」降園を迎えられるように、という保育者の思いも伝わりますね。観察を通して、時間帯に応じた保育の意図を汲み取りながら日誌に書くことで、よりよい学びとなっていきます。

余暇時間を楽しく過ごす

場面の補足

昼食後、子ども達はリビングに戻り、個々の興味に応じた遊びをはじめます。

子ども一人一人の性格や障がい特性には違いがあり、それが行動として表現されます。その点を理解して子どもの姿をとらえましょう。

場面の補足

ADHDと診断をされている子どもが退屈そうにしている様子を見て、保育者はその子どもの得意な折り紙を差し出し、「折り紙で遊ぶ？」と声かけをしました。

実習日誌を書いてみよう！

（場面における）子どもの主な活動

（場面における）実習生の目標

時間	子どもの活動	保育者の援助・環境構成	実習生の活動および気づき

実習日誌の添削例

（場面における）子どもの主な活動
　　　　余暇時間を楽しく過ごす。

（場面における）実習生の目標
　　　　保育者のかかわり方を学ぶ。

時間	子どもの活動	保育者の援助・環境構成	実習生の活動および気づき
12：00	○昼食	・昼食の準備をする。 ・食事の補助をする。	・昼食の準備を手伝う。 ・食事の補助を行う。
12：45	○昼食を終えた子どもから、順次リビングに戻る。	・子どもの様子を見守る。	
13：00	○好きな遊びをはじめる。	・子ども達の遊びを見守る。 ・片付けずに遊んでいる子に、片付けをうながす。	・子どもと一緒に遊ぶ。 ・子どもの片付けを手伝う。 ・保育者の声かけ、かかわり方を観察する。

子どもの遊びを見守っているときも、保育士は子ども達の遊びの様子に気を配り、楽しく過ごせるように配慮します。その気づきを記述しましょう。また、どのような声かけで片付けをうながしたのか、具体的に記述しましょう。

保育者の何気ないかかわりや声かけにもさまざまな意図が含まれているので、見逃さないようにしましょう。
観察するだけではなく、言動の意味についても学びましょう。

食事は単に栄養をとるだけではなく、子どもの団らんの場でもあります。入所施設の役割をしっかりととらえ、記入しましょう。

（場面における）子どもの主な活動

余暇時間を楽しく過ごす。

（場面における）実習生の目標

子どもの障がい特性に応じた保育者のかかわり方を学ぶ。

時間	子どもの活動	保育者の援助・環境構成	実習生の活動および気づき
12：00	○昼食の準備をする。 ・トイレをすませる。 ・手洗いをする。 ・当番の子どもがお箸を並べ配膳を手伝う。 ○昼食を食べる。 ・野菜を嫌がる子がいる。 ・会話をしながら楽しく食べる。	・子どもに「手洗いをしてね」と声をかける。 ・子どもの年齢・食材の好き嫌い・障がいの状態に合わせ、食事量を調節したり、おかずを食べやすい大きさにする。 ・楽しく食事ができるように話題を提供する。	・当番の子どもと一緒に配膳をし、食事の準備をする。 ＊子どもの年齢・食材の好き嫌い・障がいの状態に合った食事提供の方法を学んだ。また、清潔の指導、スプーンや箸の正しい使い方などに配慮しながら、生活のなかでの団らんの場として、楽しく食事をすることの大切さを学んだ。
12：45	○食べ終わった子から食器を片付けて、リビングに移動する。	・遊具を整え、子ども達の遊びの準備をする。 本棚　おもちゃ箱 テレビ ブロック　折り紙 テーブル ぬいぐるみ　お絵描き ソファ	・保育者と一緒に遊具の準備をする。 ＊子どものこだわり・好みに応じて準備していることを学んだ。
13：00	○好きな遊びをはじめる。 ・ブロック、粘土、折り紙、ミニカー、ままごと、お絵描き	・子ども一人一人の好きな遊びを把握し、楽しく遊べるように見守る。 ・退屈そうなＢちゃんに「折り紙で遊ぶ？」と声をかけ他児とのトラブル回避を図る。 ・「ブロックをこの箱に入れましょう」と子どもに片付けの声かけをする。実物を見せながら明確・簡単に伝える。	・Ａ君とブロックで遊ぶ。 ・保育者の声かけ、かかわり方を観察する。 ＊保育者は子ども一人一人の遊びの好みを理解し、それぞれの楽しみ方を支援していることを学んだ。また、子どもの障がい特性を知り、トラブルや危険な行為は事前に回避していることがわかった。子どもへの声かけはわかりやすいように「視覚的」「明確」「簡単」に伝えることを学んだ。

Ｂちゃんへの声かけは、障がい特性によるＢちゃんの行動特徴を保育者が理解していることを表しています。

「午後の自由遊び（福祉型障害児入所施設）」における保育・観察のポイント

ポイント①

子どもの障がい特性を理解する

　子ども一人一人の障がい特性には違いがあります。その点を理解して子どもの姿をとらえましょう。障がい特性は、その子をとらえる一部の情報でしかありませんが、知らないと、適切なかかわりは難しくなります。例えば「落ち着きがなく、動き回っていることが多い」「手当たりしだいに物をいじる」「順番を待てない」といった行動を示し、遊びのなかで他児とよくトラブルを起こす子どもがいます。このような行動は、周囲の人からは乱暴な子ども・トラブルメーカーとみられがちですが、注意欠陥多動性障がい（ADHD）をもつ子ども達の行動特性です。

ポイント②

障がい特性による行動表出の状況を理解する

　「障がい」をもつ子ども達の言動により、周囲とトラブルが起こることがあります。そのとき、「どのような状況のときに、問題となる行動が出現するのか」を注意深く観察することが大切です。問題となる行動が発生している環境構造を修正することで、問題行動の軽減を図ることができます。

　例えば、多動傾向があり「退屈なとき」に他児が嫌がることをする子どもがいます。この場合、「退屈な状況」を少なくすることで問題行動も軽減します。このように、子どもの特性に応じたはたらきかけは子どもが安定した生活を送るための大切な視点であり、効果的な支援につながります。

ポイント③

保育者の言動の奥にある専門的な視点を学ぶ

　施設での余暇時間、子ども達は思い思いの遊びを展開します。その際、個々の障がい特性による行動が表出される場面が多くあります。保育者は危険への配慮とともに、一人一人の障がい特性を理解してかかわることが大切です。例えば、ある子どもが退屈そうにしている様子を見て、保育者はその子どもの得意な折り紙を差し出し、「折り紙で遊ぶ？」と声かけをしました。これは、ポイント②で解説したように、子ども同士のトラブルの軽減を図るためであり、ふだんの子どもの行動特徴を理解しているからこそできるかかわりです。

✎ 実習日誌の書き方

ポイント❶
感想文にならないように、考察を加えて記述する

「感じました」「思いました」という感想ではなく、その日に起きた出来事の事実を具体的に書き、保育者（実習生）はどう対応したのか、子どもの反応はどうだったか、客観的に書きます。それを踏まえて、子どもの障がい特性や行動の意味は何か、保育者（実習生）のかかわりの意図は何だったのか、子どもの変化を保育者（実習生）はどう考えたか等について、授業で学んだことを照らし合わせながら考えを述べましょう。他者に読んでもらうことを意識し、自分の考えや理解できたことを表現することを心がけましょう。考察から得た課題をその後の実習につなげることも大切です。

ポイント❷（NG ワード）
「〜しました」「でも、だけど（口語体）」ばかりの日誌にしない

「今日は子どもと遊びました」「先生は子どもに声かけをしました」のように、その日の出来事ばかりを書く日誌はいけません。例えば「今日は A 君とブロックで遊びました」「先生は、B ちゃんに『折り紙で遊ぶ？』と声かけをしました」のように、一人一人の特性に応じた子どもの姿や保育者のかかわりをより具体的にとらえ、子どもや保育者の様子が読む側にもイメージできるように表現しましょう。また、実習日誌は文章を書くわけですから「でも」「だけど」「ちゃんと」といった話し言葉や流行語・省略語は使わず、正しい日本語の文章表現を心がけましょう。

📎 まとめ

障がいをもつ子どもには、相手の気持ちを想像することや他人とコミュニケーションをとることが苦手だったり、玩具や道具の貸し借りをすることが苦手な子どもがいますが、これらは決してわがままであったり、意地悪をしているわけではありません。
このような言動の背景には、障がい特性があることを理解しましょう。自由遊びでは、障がい特性による行動が多く表出します。その特性を理解してかかわることが大切です。

下校してからの
自由活動や生活場面

場面の補足

保育者は施設に帰ってくる子どもに対して家庭での保護者と同じように出迎え、できるだけ一般家庭の生活と同じような援助を心がけています。

また、学校での出来事などによって子どもの心身の状態が変化するので、子ども一人一人の表情や仕草をとらえましょう。

場面の補足

自由活動の時間、子どもは思い思いに時間を過ごします。サッカーなどの運動をしたり、テレビを見て過ごしたり、ときには施設外の友達と遊んだりします。

毎日の活動の様子を見守り、一人一人の子どもの生活習慣をとらえ、特性を理解しましょう。

実習日誌を書いてみよう！

（場面における）子どもの主な活動

（場面における）実習生の目標

時間	子どもの活動	保育者の援助・環境構成	実習生の活動および気づき

場面 ⑭　午後の自由活動（児童養護施設）

実習日誌の添削例

添削前

（場面における）子どもの主な活動
　　　　　下校後、自由な時間を過ごす。

（場面における）実習生の目標
　　　　　できるだけ子どもとかかわりをもつ。

時間	子どもの活動	保育者の援助・環境構成	実習生の活動および気づき
15：00	○下校 ・持ち物の整頓 ・おやつ 命令口調で記述しない。	・下校した子どもに対して「お帰り」のあいさつをする。 ・ランドセルなどの持ち物を整頓するよう指示する。 ・おやつの準備をする。 ・おやつを一緒に食べる。	・子どもを出迎える。 ・整頓する様子を見守り、必要に応じて片付けを手伝う。 ・おやつを一緒に食べる。
15：30	○自由活動 ・宿題 ・遊び	・宿題の様子や自由活動の様子を見守る。 ・○○君と○○ちゃんがけんかをして、両者の言い分を聞いて様子を見守る。	・宿題を手伝う。 ・子どもと一緒に遊ぶ。 本名で記述しない。

子どもの具体的な活動を記述しましょう。

職員の援助の目的や配慮を考え記述しましょう。

自分が何を目的として援助したのか記述しましょう。また、職員の援助について発見したこと（気づき）を記述しましょう。

規則正しい生活習慣やあいさつ
などの儀礼的行為を習得するた
めの援助を記述しましょう。

添削後

（場面における）子どもの主な活動

下校後、子ども同士自由な時間を過ごす。

（場面における）実習生の目標

それぞれの子どもの生活の流れや主体性を尊重した職員の援助を理解する。

時間	子どもの活動	保育者の援助・環境構成	実習生の活動および気づき
15：00	○下校	・下校した子どもを笑顔で出迎え、子どもが安心感をもてるよう配慮している。	・子どもに笑顔で「お帰り」のあいさつをする。 ＊職員はあいさつ等の当たり前の生活習慣を大切に援助していることを学んだ。
	施設が子どもの居場所であることを意識づける職員の配慮に気をつけ記述しましょう。		
	・宿題や明日の準備、持ち物の整頓をする。	・ランドセルなどの持ち物を整頓するよう言葉をかける。	・子どもの整頓する様子を見守り、必要に応じて片付けを手伝う。子どもが自立して整頓できるような援助を心がける。
	・おやつを食べる。	・おやつの準備をする。 ・おやつを一緒に食べ、今日の学校の出来事などを聞きながら子どもの様子を把握する。また、明日の学校の予定も確認する。	・おやつを一緒に食べ、子どもとできるだけ会話するよう努める。 ＊職員は子どもの学校での様子を理解するよう努めていた。
	子どもの主体性を尊重した援助に目を向け、その様子を記述しましょう。		
15：30	○自由活動 ・今日の宿題をする。 ・友達とゲームをする。 ・テレビを見る。	・宿題や自由活動をしている全体の子どもの様子を見守り、子どもと一緒にテレビを見る。  ○子ども　●保育者　▲実習生	・小学校3年生のCちゃんの宿題を見守る。できるだけ自分の力で問題を解くよう配慮した。 ＊職員は子どもがやりたい遊びを自由にできるように見守りを中心とした援助を展開していることを学んだ。 ・小学校4年生のD君と一緒にゲームをする。
	子どもが自ら解決する力を身につけることにつながる援助に着目して記述しましょう。		
	・A君とBちゃんのテレビをめぐるトラブル	・小学校6年生のA君とBちゃんがテレビの視聴で言い争いになり、両者の言い分を聞き、二人の様子が落ち着くまで見守る。	＊職員は子ども同士のトラブルに対して、できるだけ子ども同士で解決するよう配慮していることを学んだ。
	子どもの名前はプライバシーを配慮して、例えば、A君、Bちゃん、Cちゃんのように日誌の登場順で記述しましょう。		

💡 「午後の自由活動（児童養護施設）」における 保育・観察のポイント

ポイント❶
子どもに対して心地よさや安心感を与える言動を学ぶ

> 児童養護施設で生活する多くの子どもは不適切な養育環境で育ち、虐待や家族分離などのつらい体験をしています。このような子どもに対して自尊心を取り戻し、健全な成長をうながすためには、安心して自分を受容してくれる大人の存在と心地よく生活できる場所が必要です。
>
> この場面では、職員が下校した子どもの様子の変化に目を配る様子や子どもに安心感を与えるような配慮などについて観察しましょう。

ポイント❷
子ども一人一人の生活の流れや行動の嗜好性などの 特性を理解する

> 子どもは主体的な活動や生活体験を通して、社会生活に必要な基礎的な力を養い、社会的自立や自己実現を達成することができます。しかし、児童養護施設の子ども達は集団で生活しているため、自分の時間をつくり、やりたいことを行うことが難しい環境下にあります。そのため、児童養護施設ではできる限り子どもの主体性を尊重した支援と配慮がなされています。
>
> 自由活動は子どもがそれぞれの興味に応じた主体的活動が展開される絶好の機会です。積極的に子どもと一緒に活動を行い、活動時の子どもの心情や子どもの性格などを理解するように努めましょう。

ポイント❸
子ども同士の関係に配慮した支援を学ぶ

> 児童養護施設では多くの子どもが生活しています。子どもは、施設生活において子ども同士でぶつかり合い、助け合い、協力し合うなどの体験をします。このような体験によって、子どもは他者への信頼が芽生え、社会性や協調性を身につけることができます。
>
> 自由活動では、子どものグループ構成や関係性に着目して観察します。子ども達の様子を見守り、場合によっては子ども同士のトラブルへの援助を行います。また、子ども同士で主従関係のような不適切な関係性があったり、対人関係を避ける傾向がある子どももみられます。このような子どもに対する職員の対応も学習しましょう。

実習日誌の書き方

ポイント①
援助の目的（ねらい）や気づきを記述する

　職員の支援は、子どもの成長や生活上の課題を改善するために目的（ねらい）をもって実践されています。日誌では職員の支援の目的（ねらい）を記述することが大切です。もちろん、自身の援助に対しても「何のため」に援助をしたのか、援助の目的（ねらい）を記述しましょう。職員の援助の目的（ねらい）についてわからない場合は、積極的に質問して確認してください。

　また、職員の子どもに対する配慮などの「気づき」があれば日誌に記述しましょう。自分の援助を熟達させ、子どもの気持ちに寄り添った援助につながるはずです。

ポイント②
規則正しい生活習慣を身につけるための職員の配慮に目を向けて記述する

　虐待などを受けた子どもや不適切な環境で育った子どもは、朝昼晩の食事をとる、勉強をする、時間などの規則を守って行動する、あいさつをするなど、一般的な家庭では当たり前の生活を経験していない場合があります。規則正しい生活習慣が実現できるように施設での生活環境を調整することは、子どもの健やかな成長と社会的自立につながります。

　職員が下校してきた子どもに向けてあいさつをしたり、宿題をうながすことなどの何気ない行為を実習生は見過ごさず、職員が規則正しい生活習慣や子どもの主体的な活動を実現するために、どんな配慮をしているのか記述しましょう。

まとめ

自由活動は、子どもにとって主体的活動を実現できる時間であり、さまざまな生活体験が実現できる時間でもあります。そのため、実習生にとっては子どもがどのような趣味嗜好をもち、どんな行動特性があるのか理解できる場面です。
この場面は、実習生が子どもへの理解を深める絶好の機会です。子ども達の特性を理解するために、積極的に子どもとかかわるよう心がけ、子どもの声に耳を傾け、子どもの些細な表情の変化にも気づけるよう観察してください。

自分で手洗い・うがいを しようとする

場面の補足

戸外での遊びを楽しみ保育室に戻ったら、必ず手洗い・うがいをします。自分から腕まくりをして手を洗い始める子もいれば、なかなか洗おうとしない子もいます。

場面の補足

一人の子がコップの水を口に含み「ガラガラ」と音を立ててうがいをすると、それを見ていた数名の子がまねしてガラガラうがいが始まりました。楽しくなったのかいつまでも止めようとせず、手洗い場が混雑してしまいました。実習生は止めるよううながしましたが聞いてくれません。

実習日誌を書いてみよう！

（場面における）子どもの主な活動

（場面における）実習生の目標

時間	子どもの活動	保育者の援助・環境構成	実習生の活動および気づき

実習日誌の添削例

（場面における）子どもの主な活動

遊びを終えて、手洗い・うがいをする。

（場面における）実習生の目標

排泄、手洗い・うがいの援助をする。

時間	子どもの活動	保育者の援助・環境構成	実習生の活動および気づき
11：00	○戸外遊びを終えて保育室に戻る。 ・帽子を脱ぐ。 ・排泄 ・手洗い・うがい	・テーブル、いすを並べておく。 ・帽子カゴを用意する。 ・トイレに行くよう声をかける。 ・順番に手洗い・うがいをするよううながす。 ・コップとペーパータオルを用意しておく。	・子どもの援助をする。 ・トイレへ誘導する。 ・手洗い場に行こうとしない子に声をかける。 ・うがいを止めようとしない子に止めるよううながす。

活動の流れだけでなく、子どもの様子も記述します。

保育者はどのように対応していたでしょうか。よく観察し、その意図について考えてみます。

添削後

（場面における）子どもの主な活動

清潔にしたら気持ちがいいことを感じ、自分で手洗い・うがいをしようとする。

（場面における）実習生の目標

子どもが自分で清潔にしたくなるような保育者の援助を理解する。

時間	子どもの活動	保育者の援助・環境構成	実習生の活動および気づき
11：00	○戸外遊びを終えて保育室に戻る。 **具体的な環境構成の様子は図示するとよいでしょう。** ・帽子を脱いでカゴに入れる。	・保育者の一人は、先に保育室に戻り、テーブル、いすを並べ、環境を整えて子どもたちを迎え入れる。 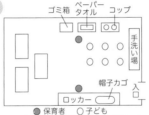	＊保育者同士が連携して、子どもが自分で手洗い・うがいをするように環境を整えていることを学んだ。 ・脱いだ帽子を自分でカゴに入れるようううながす。 **環境構成の意図について気づいたことを記述します。**
	・トイレに行きたい子からトイレに行く。 ・自分で手洗い・うがいをする。 **保育者の援助の工夫は詳細に記述します。** ・保育者と一緒に手洗い・うがいをする子もいる。	・一人一人の様子を確認しながら「給食の前にトイレに行こうね」などと声をかけてトイレをうながす。 ・自分でした子には「できたね」「きれいになったね」「気持ちいいね」と声をかける。 ・援助が必要な子には手を添えて一緒に洗ったり、「あわあわしてー、ごしごししてー」など手順を伝えたりする。	・トイレに行きたくないという子に付き添ってトイレに行く。 ＊保育者は自分でやろうとする意欲を大切にしつつ、手洗い・うがいをしてきれいになったら気持ちがいいということに共感し、言葉をかけていることを学んだ。 ・保育者のやり方を見て、一人で洗うのが難しい子と一緒に手洗いをする。
	・Aちゃんのまねをして数名の子がガラガラうがいをする。おもしろくなってずっとうがいをしている。 **ガラガラうがいをするようになるのは2歳頃からです。子どもの発達段階に合わせた保育者の援助の意図に着目して観察しましょう。**	・「ガラガラ上手だね」と少し様子を見守ってから、子どもたちが楽しんだところで「お腹が空いてきたね。そろそろうがいはおしまいにして給食の準備をしよう」と声をかける。	・ずっとうがいしている子に「もうおしまい」と声をかける。 ＊保育者はむやみに止めたりせず、子どもが楽しみながら衛生習慣を身につけるように見守っているのだと思った。

💡「生活における自立（2歳児）」における 保育・観察のポイント

ポイント①
「自分でしよう」という気持ちを大切にする

この時期の子どもは、毎日繰り返されることについてある程度の予想ができるようになり、少しずつできることも増え、「自分で」いろいろなことをしようとします。保育者が子どもの「自分でしよう」という気持ちを尊重し、そのための環境構成を行い、できたことを十分に認めることが意欲的な生活につながります。ただし、できないときもあることや、個人差があることへの配慮も必要です。

ポイント②
清潔にする心地よさを感じることが、行為の意味の理解につながる

トイレに行ったら手を洗う、外から帰ったらうがいをする、汚れた服は着替えるなどの清潔にかかわる行為は、日々の生活のなかで「きれいになったね」「気持ちいいね」と保育者が子どもにわかりやすい言葉を添えてかかわることにより、清潔にしたら「気持ちいい」「さっぱりした」という感覚と結びつけながら体験的にその意味や必要性を理解していきます。この時期の子どもには「きれいにしないと病気になるよ」などと注意をうながすよりも、清潔にすると心地よいと感じてもらうことのほうが大切です。

ポイント③
生活習慣の形成は毎日の繰り返し、落ち着いて援助する

衛生習慣や食事、排泄、睡眠などの生活習慣の形成は、意欲的な生活の基礎となります。急がせることなく、一人一人のペースに合わせながら、毎日の生活で適切に援助することが求められます。同じことの繰り返しにおいても、予想どおりにいかないことがたびたび起こりますが、子どもの様子をよく理解している保育者は、余裕をもって落ち着いて対応します。実習生は、保育者がなぜそのように対応したのかを考えてみるとよいでしょう。

✏️ 実習日誌の書き方

ポイント①
繰り返される場面をていねいに観察しよう

排泄、手洗い、着替えなど毎日同じように繰り返される場面は、いつもと同じととらえて観察がおろそかになり、日誌の記述も簡潔になりがちです。このような場面でこそ、一人一人の子どもを保育者はどのように理解し、どのようなかかわりをしているのか、実習生はよく観察してていねいに記録してみましょう。同じように見える場面でも決して毎日同じではないことがわかるとともに、新たな気づきがあるかもしれません。気づいたことは次の日の実践に活かしましょう。

ポイント②
保育者の援助の意図を考えてみよう

実習中にはやってみたけどうまくいかないこともたくさんあります。そのようなときは、保育者のやり方をよく見て学び、詳細に記録をします。ただ「保育者はこのようにした」という記録をするだけではなく、どのような意図をもって保育者はそのようにしたのかも考えて記述しましょう。同じ場面でも保育者によってやり方や考え方が異なるかもしれません。記録を基に保育者と話し合ってみましょう。実習では、援助方法を学ぶだけではなく、自分はどのように援助をするのかを考えることが大切です。

 まとめ

手を洗う、トイレに行く、着替えるなどの行為は、保育者に言われたからするのではなく、「汚れたから手を洗おう」「手を洗うと気持ちがいいな」と子どもが自分で感じたり考えたりしながら、その意味を理解し、判断するようになることが大切です。そのために保育者は子どもの「自分で」という気持ちを尊重しつつ、一人一人に合わせた細やかな配慮を行っています。毎日同じように見えることのなかにも保育者の意図があることをよく観察してみましょう。

一人で着替えができるように
生活習慣を身につける

場面の補足

　3歳児は基本的な運動機能が発達し、衣類の着脱もほぼ自立できるようになる時期です。指先を使う経験を重ね、握力が強くなるので後ろへ手を回してパンツを引き上げられるようになります。

　また、「できた」「できない」の認識の力が育ち、結果や評価に敏感になる時期でもあります。保育者は、できないことを指摘するのではなく、「できる体験」を通して子どもが自信をもてるようなはたらきかけを大切にしましょう。

場面の補足

　5歳児は生活習慣が身につき、衣服の調節が自分でできる時期です。基礎的な運動機能は十分な発達を遂げ、大人と同じような上着の着方、ボタンの留め外しができるようになります。また、暑さ・寒さに応じて衣服を調整する、身だしなみを整える、おしゃれを楽しむなどができるようになります。

　5歳頃は十分に理解しつつも、競い合いや面倒くささから、行動が雑になる面もみられます。保育者は、社会生活に適した習慣が身につくよう、ていねいにかかわることが求められます。

実習日誌を書いてみよう！

（場面における）子どもの主な活動

（場面における）実習生の目標

時間	子どもの活動	保育者の援助・環境構成	実習生の活動および気づき

実習日誌の添削例

添削前

（場面における）子どもの主な活動
　　　自分で衣服を着替えるようになる。

（場面における）実習生の目標
　　　保育者とともに着替えの援助をする。

時間	子どもの活動	保育者の援助・環境構成	実習生の活動および気づき
11：00	○遊んだ後に着替えようとする。 ・ロッカーから必要なものを取り出し、カゴに入れる。 ○汚れた服を袋に入れる。	・袋に入れるように声をかける。	・保育者とともに見守る。 ・保育者とともに声をかける。
11：05	○着替え	・子どもが着替えやすいように配慮していた。	・保育者の言葉かけを繰り返し、子どもに伝えるように援助した。
11：15	○カゴや汚れた服（袋）を片付ける。	・片付け忘れている子には声をかけていた。	

保育者の援助や配慮は、子ども側の目線に立ち、どのような援助や配慮が行われたかについて、具体的に記載するように心がけましょう。

保育者の行動や言葉を記載することも重要ですが、その行動や言葉に隠されている保育者の意図を読み取り、実習生の学びとして記録しておくことも大切です。

（場面における）子どもの主な活動

　　　戸外で遊んだ後の汚れに気づき、自分で衣服を着替えるようになる。

（場面における）実習生の目標

　　　子どもが自ら着替えようとする気持ちを大切にして、着替えの援助をする。

時間	子どもの活動	保育者の援助・環境構成	実習生の活動および気づき
11：00	○外で遊んだ後、汚れたことに気づき、着替えようとする。 ・ロッカーから必要な服とズボン、靴下を取り出し、カゴに入れる。 ○汚れた服を脱ぎ、たたんで袋に入れる。 **保育室での着替え場所・実習生や保育者の立ち位置などを図で表しましょう。**	・着替えを入れるカゴには、名前のシールを貼り、決められた場所に、いつでも使えるように置いておく。 保育者 ○　　入口 ロッカー　実習生 ○ ● ● ● ● ● ●　ピアノ ・わからない子どもには、1つひとつ手を添えながら、一緒にたたむようにする。	・実習生は保育者とともに見守る。 ＊保育者は子どもが必要なものは何か、自分で気づくことができるように工夫していた。 ・衣服が裏返しになった場合には、実習生は保育者とともに表にすることを伝える。 ＊保育者は個々の子どもに合わせて、言葉かけをしていることがわかった。
11：05	○着替え ・「自分で」着替えようとする姿がどの子どもにもみられる。 **実習前に基本的な生活習慣における発達の様子を把握しておきましょう。**	・着替えやすいように服を置いたり、できないところはさりげなく手伝ったりする。 **保育者の「見守る」という行動は、単に何もしないのではなく、子どもの自主的な活動を支えるための援助方法の1つであることを意識し、ていねいに記載しましょう。**	・実習生は、子どもが順序よく着られたときには、「一人で着られたね。えらいね」と声をかけるなど、自分でできた満足感がもてるようにかかわる。 ＊保育者は、子ども一人一人の着替えに目を配り、子どもが自信をもてるような言葉かけをしていた。
11：15	○カゴや汚れた服（袋）を片付ける。 **保育者からの学びを具体的に明記することによって、実習日誌がより保育実践に役立つものになります。**	・片付け忘れている子には声をかけ、最後まで自分でできるように援助する。 ・下着が出ていないかを確かめて、身なりを整える。	・できるだけ自分で気づくように工夫していることがわかった。 ＊保育者は鏡の前に立たせることで、身なりに気づくように工夫していた。

「生活における自立（3歳児）」における 保育・観察のポイント

ポイント①

子どもの発達段階に合わせた援助の工夫を学ぶ

着替えは、身体的な機能の発達と思考・認知面の発達が密接にかかわります。そのため、実習生は実習前に発達段階に沿った援助（配慮）の方法を理解することが大切です。

例えば、①保育者に着替えさせてもらう段階の子どもには、「あーあ、濡れちゃってドロドロ、ベタベタになっちゃったね」など、感覚を表す言葉で不快感を知らせる。②自分で着替えられるようになった段階には、「汚れちゃったね。お洋服を取り替えましょう」など、何をするべきかがわかる言葉かけをして、着替えの様子を見守る。③一人で着替えられるようになった段階には、「どうしよう。ばっちくなっちゃったね」と、子どもが自分で気づくきっかけとなる言葉をかけるなど、援助（配慮）の仕方があることを心にとめ、保育者が行っている援助の工夫を学びましょう。

ポイント②

保育者における援助の工夫を実習生の学びとする

着替えの場面で保育者はさまざまな工夫を行っています。本実習日誌（添削後）をみると、子どもが自分の身なりに気づくように鏡の前に立たせています。

ほかにも、①イライラしている子どもに、「一緒にやろう」と声をかけたり、進んでできていることをほめたりして自信につなげる。②うまくできている子にモデルになってもらったり、保育者がやってみせたりして見本をみせる。③着替えのシーンを撮影した写真を着替えの手順に並べることで着替え方をわかりやすくするなど、保育者の工夫をていねいに記載するように心がけましょう。

ポイント③

子どもに合わせて着替えやすい衣服を選ぶ

保育者は、子どもの成長に合わせて着替えやすい衣服や靴下、靴を選んで使うように心がけています。子どもが着替えやすいものを選んで準備することも大切です。

上着は柔らかく適度なゆとりがあるものを選ぶと、子どもは着やすく脱ぎやすくなります。パンツやズボンは、柔らかい素材（デニム地などの硬い素材ではない）やウエストがゴムのものを選ぶといいでしょう。靴下は少しゆとりのあるもの、靴はつま先にゆとり（5〜9mm）があるものをそれぞれ選ぶようにしましょう。また、低年齢児にはかかとにリングやひもをつけておくと引っ張りやすくなります。

このように子どもが自分で着替えられるような工夫をしましょう。

実習日誌の書き方

ポイント①

保育者の行動や言葉から学んだことを具体的に記述する

　保育者の行動や言葉から学んだことを具体的に記載することで、実習生自身における保育実践の学びを深めるとともに、日誌を読む相手（指導者）にもよく伝わります。

　また、「着替え」の場面における日誌を書くときには、特に援助が必要な子ども（自分でやりたがらない子どもなど）に注目し、その子どもに対して保育者がどのように援助しているかを記載することも大切です。限られた実習期間であっても、その子どもへの保育者の援助の仕方を観察し、実習生も一緒に援助の仕方を考えることは、実習生自身の成長の糧となるでしょう。

ポイント②

見やすさを追求した日誌の書き方

　実習日誌では以下の点に注意して記載しましょう。

①　日誌の書きはじめには、保育室内における環境図を記載し、環境構成の影響性をわかりやすくしましょう。環境図の枠線は定規を使用して、子どもの動きの流れも意識しながら描きましょう。

②　できるだけ段落をそろえて対応をつけて記載しましょう。子どもの活動、保育者の援助・環境構成、実習生の活動および気づきを一連に対応させて記載しましょう。段落が異なると、読み手（指導者）が読みにくくて困ります。

③　文字はていねいに書き、誤字脱字がないように気をつけましょう。就職してからも大切です。

📎 まとめ

子どもの着替えは、2歳児の頃から発達段階に沿って一人でできるようになっていきます。ただ、着替えが一人でできる過程では、保育者が子どもの自分でやりたい気持ちを大切にし、子どもの様子を見守り、必要に応じた援助を行います。また、保育者は、指先を使った遊びを工夫することで発達をうながしたり、保護者に対しても家庭でどのような支援が必要であるかをアドバイスしたりする役割も担っています。

絵本や紙芝居などを
楽しく見る

場面の補足

子ども達が、「今日は楽しかった！」と感じられるよう進めていきます。
今日の振り返りと明日への期待を抱けるよう心がけ、"今日と明日をつなげる時間"にするといいでしょう。

場面の補足

子どもが落ち着いて絵本を見るための環境をていねいに検討することが大切です。子どもは、大人が思っている以上に細かい箇所まで絵を見ているものです。

実習日誌を書いてみよう！

（場面における）子どもの主な活動

（場面における）実習生の目標

時間	子どもの活動	保育者の援助・環境構成	実習生の活動および気づき

実習日誌の添削例

添削前

（場面における）子どもの主な活動
　　　　絵本を読んで楽しむ。

（場面における）実習生の目標
　　　　絵本の読み聞かせを通して芋ほりへの期待を高める。

時間	子どもの活動	保育者の援助・環境構成	実習生の活動および気づき
13：30	○片付ける。 ・それぞれ遊んでいた物を片付ける。	・片付けの声かけ ・一緒に片付けをする。	・子どもと一緒に片付ける。
13：50	○手洗い、うがいをして帰りの準備をする。 ○絵本を見る。	・手洗い、うがいの声をかける。 ・絵本を読む。	・一緒に絵本を見る。 ・集中して絵本を見ている。
14：00	○「さよなら」のあいさつをする。 ○降園する。	・「さよなら」のあいさつをする。	・子どもを見送る。

> 大まかな内容だと、振り返ってみても思い出せないことが多くなってしまいます。できるだけ細かく記載しましょう。

> 活動中の子どもの様子を記載しましょう。子どもの様子がわかると今後の部分実習などの指導案を作成する際に役に立ちます。

添削後

（場面における）子どもの主な活動

絵本『ねずみのいもほり』を読んで、芋ほりのイメージを広げる。

（場面における）実習生の目標

絵本の読み聞かせを通して芋ほりへの期待を高める。また、子どもにとっての帰りの会の意義と保育者の配慮をとらえる。

時間	子どもの活動	保育者の援助・環境構成	実習生の活動および気づき
13：30	○片付ける。 ・保育室で使った物は指定の片付け場所に、園庭で使った物も元の場所にきれいに戻す。 保育室：大型積み木、ブロック、折り紙、ままごと道具など 園庭：ボール、砂遊び道具、三輪車など	・片付けをするように声をかける。 ・子どもがそろったことを確認する。 ・砂で汚れた子どもの足を洗う。 その日の余韻を残しつつ、明日へつながるような具体的な援助も記載しましょう。	・子どもと一緒に片付ける。 ・着替えの手伝いをする。 ＊子どもが自分で着替えようとする気持ちを優先して援助していることを学んだ。
13：50	○手洗い、うがいをして帰りの準備をする。 ○絵本『ねずみのいもほり』を楽しむ。 ・明日の芋ほりが楽しみで、今からわくわくしながら絵本を見ている。	入口 （保） テーブル　　テーブル ・手洗い、うがいをするよう声をかけ、いすを並べる。 ・明日の芋ほりへの期待やイメージがふくらむようなかかわりを行う。	・手洗い、うがいの様子を見守る。 ・子どもと一緒に絵本を見る。 ＊芋ほりに興味があり、読み聞かせを集中して楽しんでいた。
14：00	○歌「おかえりのうた」を歌う。 ○「さよなら」のあいさつをする。	・歌「おかえりのうた」の伴奏をする。 ・子ども一人一人と目を合わせて「さよなら」とあいさつしたり、「明日も遊ぼうね」と声をかけたりして見送る。	・子どもと一緒に歌を歌う。 ・子どもと視線を合わせながら笑顔であいさつをして見送る。 ＊子どもによってかける言葉が違っており、今日の出来事などをふまえて話しかけていた。

絵本のタイトルを記載することで発達年齢に即した絵本を学べるとともに部分実習などで使用する際の重複を避けられます。

💡 「帰りの会（4歳児）」における 保育・観察のポイント

ポイント❶
集団での絵本の読み聞かせは、環境構成が大切

「絵本の読み聞かせ」というと、実習生は「読み方」や「絵本選び」などに力を注ぎがちです。これらも欠かせない点ですが、同じくらい大切なことは、全員に絵本が見えるような環境を構成することです。絵本に着目するポイントは、子どもによって違います。絵の大きさや絵のタッチ、描写の細かさなどによって見え方が変わってきます。したがって、保育者が配慮している点を観察しつつ、自分が行う際には「子どもの見えやすさ」を確認するとよいでしょう。

ポイント❷
帰りの会の意味を学ぶ

子どもにとって帰りの会はとても大切な時間となります。みんなで集まって仲間意識を感じながら、楽しかった一日を振り返ります。さらに、明日の活動を聞くことを通して、翌日への期待をふくらませます。

保育者は、子どもの表情を確かめながら帰りの会を進めていきます。子どもの一日の出来事が表情となって現れるので、一人一人ていねいに受け止めています。

ポイント❸
絵本の"すべて"を見せる

絵本は、「表紙→本文→裏表紙」という構造をしています。そのすべてのページには、作者の意図や思いが込められています。したがって、子ども達には絵本のすべてを見せましょう。また、話の流れに沿ってゆっくり進め、子ども達が絵本の世界に入り込めるような速度で読んでいきましょう。子ども達が裏表紙を見ながら、「ああ、面白かった」と余韻にひたれるよう配慮をします。

実習日誌の書き方

ポイント❶
実習生の動きの意図や気づきも添えて記載する

保育者の動きを中心に記載するのではなく、どのような意図をもって動いたのか、どのようなことを心がけて動いたのかということも添えて記載するとよいでしょう。保育者は、登園から降園まですべての動きに意図をもって子どもとかかわっています。実習生は、細かく観察し実習日誌に記載しておきましょう。併せて、実習生も意図をもった動きを心がけましょう。

ポイント❷
「片付け」「絵本を見る」で終わらず、
細かい記載を心がける

帰りの会や降園の時間帯は、その日の終盤です。したがって、実習生も疲れが出てくる時間でもあります。集中が途切れがちとなり、気持ちがゆるみます。そのため、メモの量が極端に減ることも少なくありません。それに伴って、実習生の気づきも少なくなりがちです。実習生の気づきを中心にメモを取ると集中力が保たれ、効果的です。

📎 まとめ

帰りの会や降園は、一日をしめくくる大切な時間です。このことを十分意識して、子どもとかかわり、その様子を実習日誌に落とし込みましょう。絵本の読み聞かせでは、子どもの表情はまさに十人十色です。子どもの躍動する感性を感じられる時間でもあります。このような視点から観察してみるのもよいでしょう。

誕生日を迎えた子どもを祝う（お誕生日会に参加する）

きょうの
お誕生会はね

場面の補足

朝の集まりの後、お誕生会についてのお話をします。お誕生会にはどのような気持ちで参加するのか、クラスに誕生日のお友達がいるかを聞きます。行事を楽しみにしている子どもの姿をとらえましょう。

ありがとう

おめでとう！

場面の補足

お誕生会の様子です。クラスの子どもだけでなく保育所の子ども全員が参加します。誕生月の子どもは前に出て、インタビューを受け、手作りのプレゼントや誕生日カードをもらいます。

実習日誌を書いてみよう！

（場面における）子どもの主な活動

（場面における）実習生の目標

時間	子どもの活動	保育者の援助・環境構成	実習生の活動および気づき

実習日誌の添削例

添削前

（場面における）子どもの主な活動

今月のお誕生会に参加する。

（場面における）実習生の目標

行事の際の、子どもの様子や保育者の動きを理解する。

時間	子どもの活動	保育者の援助・環境構成	実習生の活動および気づき
9：35	○朝の会 ・朝のあいさつをして、歌を歌う。 ・出席の確認に返事をする。	・朝の会のはじまりを子ども達に呼びかける。 ・ピアノを弾いて子ども達と一緒に歌う。 ・子ども達の名前を呼びながら出欠確認し、様子をみる。 ・お誕生会の話をする。	・テーブルのそばについて一緒に歌を歌う。
9：50	○ホールに移動する。 ・1列に並ぶ。 ・トイレに行きたい子どもは自分で行く。	・移動する子ども、トイレに行く子どもの様子を見守り、声をかける。	・子どもと一緒にホールに移動する。
10：00	○お誕生会に参加する。 ・クラスごとに並ぶ。 ・誕生日のお友達をお祝いする。 ・パネルシアターを見る。	・クラスごと並んで座るように声をかける。 ・しゃべってしまう子を静かにさせる。 ・立ち上がる子に座るよう注意する。	・子どもの間に座って様子を見る。 ・静かに見ていられるように、声をかける。

「～させる」や「注意する」という表現は使わないようにします。

子どもが行事に楽しく参加するためにはどのようなかかわりが大切なのか、保育者の援助について考えましょう。

（場面における）子どもの主な活動

今月のお誕生会に参加して、お友達をお祝いする。

（場面における）実習生の目標

行事の際の、子どもの様子や保育者の動きを理解する。

時間	子どもの活動	保育者の援助・環境構成	実習生の活動および気づき
9：30	○朝の会 ・元気よくあいさつをする。 ・「あさのうた」を歌う。 ・名前を呼ばれたら返事をする。 ・お誕生会の話を聞く。 行事はその前後の時間も大切です。行事に気持ちが向き、主体的に楽しめるような言葉かけを心がけます。	・子ども達一人一人の様子を見ながら出席を確認する。 ・お誕生会の参加に楽しみをもてるような話をする。 ・誕生日をお祝いする気持ち、ありがとうの気持ちを伝える。 机　ピアノ　△保育者　○子ども ロッカー　手洗い	・クラス全体が見えるところに座り、朝の会の様子を見る。 ＊お誕生会は毎月の行事であるが、誕生日を祝うこと、お祝いしてもらってうれしい気持ちをとてもていねいに伝えることの大切さを学んだ。
9：50	○ホールに移動する。 ・決められた順番で並ぶ。 ・自分の前後のお友達を待ったり、探したりする。 ・子ども自身でトイレに行く。	・トイレに行きたい子どもは寄っていくように声をかける。 ・ホールとトイレの間で見守る。	・ホールに移動して子ども達を待つ。 ・みんながそろうまでの間も、子ども達に言葉をかけながら全体に目を配るようにした。
10：00	○お誕生会に参加する。 ・ホールでクラスごとに並ぶ。 ・誕生日のお友達をお祝いする。 ・パネルシアター（さかながはねて・メロンパン）を見る。 ・終了後、部屋に戻り、お誕生会の様子を振り返る。	・誕生日の子ども達を一緒にお祝いする。 ・パネルシアターを楽しめるような言葉かけをする。 ・お誕生会の余韻を大切にしながら、次の活動の説明をする。	・一緒にお祝いをする。 ＊ただ静かに座って見せるのではなく、楽しめるような配慮をしていて、聞く、見る、参加する、の区別がつけられていた。

聞く、見る、参加するなど、活動の切り替えを行いつつ、子ども達が主体的に行事の楽しい時間を過ごせることが大切です。

💡「行事（お誕生会、4歳児）」における 保育・観察のポイント

ポイント①

行事のねらいを理解する

　お誕生会は毎月の行事です。ルーティーンにするのではなく、毎回、子ども達が楽しみに参加できるような配慮を考えます。特にお誕生会は、1年に一度、一人一人が主役になる行事ですので、「お祝いする気持ち」「ありがとうの気持ち」を大切にしています。

　お誕生会以外の行事にもそれぞれねらいがあります。どのように準備し、当日を迎えるのか理解するようにしましょう。

ポイント②

子ども達が主体的に参加できるかかわりを学ぶ

　お誕生会では、座って見ている時間が長くなります。また、全園児が参加するので、ふだんより興奮する姿がみられます。どうしても、静かにさせたり、きちんと座らせたりしないといけないと思いがちですが、せっかく楽しんでいるところに保育者が「しーっ、ちゃんと座って！」という言葉かけをすると、子どもはどのような気持ちになるでしょう。けじめは大切ですが、保育者が一緒に楽しむ姿勢も大切です。

ポイント③

保育者同士の連携を学ぶ

　お誕生会は、全園児が参加する場合がほとんどです。会を進行する保育者や、パネルシアターや劇をする保育者など、保育者それぞれの役割があります。同時に、担任クラスだけでなく、ほかのクラスの子ども達へのかかわりや配慮も必要になります。行事の進行に合わせて保育者がどのような動きをするのか、立ち位置や子どもへの言葉かけなどに留意しましょう。

実習日誌の書き方

ポイント❶
子どもの様子と保育者の援助について記述する

　行事という特別な時間のなかで、ふだんとは違う子どもの姿を見ることもできます。また、その子どもに対する保育者のかかわりについてもしっかり観察し、記述することが大切です。

　それらは連動することなので、両者の姿をしっかり観察することが必要となります。すべてを観察することが難しければ、時間を区切ってもいいでしょう。観察にとどめず、自らのかかわりと合わせて振り返ることも大切です。

ポイント❷
子ども達が静かに話を聞く環境構成を

　保育者は子ども達に何かをさせて、思ったとおりに動かす存在ではありません。例えば、静かに話を聞くことが必要ならば、静かに話を聞く環境を構成するのが保育者の役割です。つまり、子ども達が話を聞きたいと思うはたらきかけをどうするのかが大切になります。

　子ども達の姿をとらえつつ、適切な言葉を用いて保育者のかかわりを記述することが求められます。

まとめ

行事はふだんとは違う子どもの様子、保育者の動きを知る貴重な機会です。お誕生会に限らず、どの行事にもねらいがあり、準備と保育者の役割分担を協働して行うものです。子どもの姿もしっかりと観察しておくことが重要になります。

2章

場面⓲　行事（お誕生会、4歳児）

〔参考〕場面❾　午睡（0歳児）の環境図

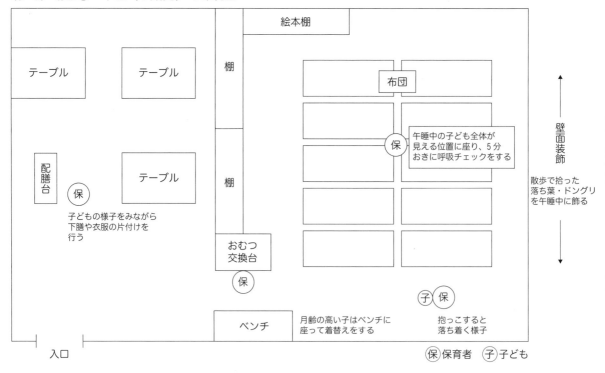

3章

映像から見る！
子どもの遊びや生活の深まり

1. 子どもの遊びや生活の深まり

（1）実習前に必要な学修は、体験による臨床場面の
イメージを深めること

　保育者の日常的な保育援助には、瞬時に行うインフォーマルな援助と、後で振り返ってそのときの援助の意味を考え省察し、次の援助に向かうフォーマルな援助の二種類あります。実習生は、その瞬時（インフォーマル）な援助は、経験が豊富でないためにどうしてもうまくいかないことが多く、自信をなくしてしまう大きな要因といえます。

　一日の流れからみた保育観察のポイントとは、1つ目には子どもの活動に参加し、その行動や心情に触れながら実態を把握すること、2つ目にはモデルとなる指導保育者等の援助行動や環境構成のポイントを受容的に学び記録すること、3つ目は実習生自身が行った行動や活動と、保育活動のエピソード等から気づいた（わかった）ことを整理することです。2章では場面ごとにそれを演習します。

　保育現場では、皆さんのようにフレッシュでエネルギッシュな実習生の身体性（心と体を通した表現力）を望んでいます。臨床のイメージを身につけ、これからの実習に備えましょう。

（2）さらなる課題は、リアルな保育場面を通して学ぶこと

　さて、このテキストには新たに3章を追加しました。この章では、イラストを通して保育のイメージを具体化する方法に加え、保育ビデオを視聴し「リアルな保育場面を疑似体験」することによる学修をします。

　実習生は、他の授業でもさまざまな保育ビデオを視聴し、学んでいるかもしれません。保育ビデオは、子ども達と保育者の営みが疑似体験できる効果的な教材といえるでしょう。ところが、実習生にとっては保育ビデオを視聴しても、何をどのように視聴するのかわからない人、あるいは漠然と見ている人も多いのではないでしょうか。つまり実際の実習場面と同じ状況が起こっている可能性があります。そこで、このテキストでは、保育現場で長年従事している保育者により、

自分の園の保育実践を、実習生にどのように見てほしいかという視点と記録のポイントを解説していただきました。

（3）保育映像を見るポイント！「ここを見て記録に役立てよう！」

① 「時系列の記録」から「エピソード記録」そして「ヴィジブルな記録」へ

　一日の実習では、幼稚園では5〜6時間、保育所やこども園では8時間以上の活動場面に参加することになります。長時間の参与観察のなかで、記録するポイントは、1章、2章で触れているように、活動の流れを時系列でまとめる方法が主流となっています。

　しかし実習先の方針によって、時系列の記録は最初の数日にとどめ、以降は子どもの発達や活動のエピソードを深く掘り下げて記録する「エピソード記録」を取り入れる園も増加しているところです。

　近年、世界の保育者の注目を集めている記録法として、子どもの発達を可視化するニュージーランド（以下、NZ）の learning　stories があります。記録をまとめる際に、保育場面の写真を数枚活用する方法です。日本では最近まで、保育場面を写真に撮ることにさまざまな抵抗があり、この記録法はなかなか受け入れられませんでした。「忙しい保育場面で誰が写真を撮るのか」「写真を撮っている暇があるなら子どもと対面するべきだ」など、瞬時に行っているインフォーマルな保育援助には、その方法はそぐわないと思われていました。

　ところが、NZ全国の保育者が learning stories に取り組んだ結果、また昨今のICT（情報通信技術）の急激な普及も相まって、保育を振り返る際のフォーマルな記録としての価値が見いだされ、最近ではむしろ世界中で、活発に取り入れられるようになってきたのです。

　筆者らは、learning　stories の素晴らしいところを追求し、日本の保育者が活用できる事例集を2017年に作成し「ヴィジブルな保育記録」として紹介しました。実はこの特徴は、リアルな保育臨床を学ぶ方法と合致しているのです。

② 数枚の写真で保育を伝える工夫から「保育映像」を見る視点がわかる

　保育者の保育観の根底には、「子どものステキな場面をたくさん増やしてあげ

たい」という信念が貫かれています。保育者が思う「ステキ！」とは、なんでしょう。保育場面で起こっている事象（子どもの生活や遊び）には「価値がある」と思うことです。

では、その価値はどのように決めているのでしょう。そのポイントがわかれば、実習生も数枚の写真で保育を記録することが可能です。「保育映像」を見る視点もわかってきます。

表　数枚の写真で保育を記録する5つポイント

子どものステキ！　の要件（例）
①子どもが何かに興味や関心を向けている場面 ②子どもが遊びに集中、熱中しているシーン場面 ③子どもが遊びに工夫を重ねたり、さまざまな挑戦に取り組んでいる場面 ④子どもが誰かとかかわり、コミュニケーションをとっている場面 ⑤（チーム内や活動のなかで）自分なりの責任を果たしている場面

出典：小泉裕子・佐藤康富『ヴィジブルな保育記録のススメ──写真とコメントを使って伝える』鈴木出版、2017.

実習生の記録でも、子どもの「ステキ！」を発見し、記録することはとても重要なことです。写真を撮ったり、そのときのエピソードをメモに記録しておくと良いでしょう（※実習生が写真を撮ることを禁止している実習先もありますので、確認しましょう）。

③　「保育映像」を見て「子どものステキ！」と「保育者の意図」をすくいとろう！

保育映像を見る視点は、写真を撮るポイントと同様ですが、以下の観点も押さえておきましょう。

子どもの遊びや生活を見ながら、「遊びの価値」を見つけていく習慣を身につけることをお勧めします。子ども自身は、「これは価値のある遊びだ」と自覚して遊んでいるわけではありません。保育者や実習生が、参与観察をとして「遊びの価値」を見つけていくことが重要です。

保育映像では、子どもの活動に応じた「保育者の援助」が見えてきます。援助方法、援助内容等を、「保育者の意図」を想像しながら視聴しましょう。ここは写真では見えてこない（見えにくい）ところですので、「保育映像」ならではの特徴といえます。

（4）保育者が見てほしい「子どもの活動、心情、育ち、 保育者の援助」の視点

　皆さんに実習指導をしてくださる指導保育者は、常に皆さんとコミュニケーションを取りたいと思っています。「早く自分の後輩になって、共に保育しましょう！」そんな期待も向けながら、実習生を育てる気持ちが高ぶっています。同時に、「私の園の保育をこんなふうに理解してほしい」「私のクラスの子ども達をこんなふうに見てほしい」という思いにあふれているのです。そのポイントは、毎日の実習後に、個別指導のなかで教えていただけるのですが、日々忙しい保育現場では、それが満たされないケースもあります。

　そこでこの章では、リアルな保育場面を疑似体験しながら、「子どもの活動、心情、育ち、そして保育者の援助や環境構成の工夫のポイント」を具体的に紹介し、保育者（実習指導者）が見てほしいと考えているポイントを解説します。

　今回は、「自由遊び（3歳児、5歳児）」、「クラス活動（設定保育）（4歳児）」3つの映像を取り上げました。実習生が「子どもの活動」を記録する場面として、「自由遊びの様子」を取り上げるケースが多いことと思います。漠然と子どもの遊びを観察するのではなく、子どもの具体的な様子やエピソードを取り上げるコツや、保育者の援助や環境構成のポイントを取り上げるコツについて紹介します。また、「クラス活動（設定保育）」では、主に保育者の保育の意図や環境構成の工夫をしっかりと受け止め、共感的な姿勢に立って学ぶ実習生の記録のポイントやコツについて紹介します。

　子どもは日々発達し、保育者も日々子どもの成長に学ぶ、そのような日常には、現場固有の実態が息づいています。「これが正解！」という結論がないということを忘れないでください。

　保育実習では特に、実習先の園、その場所で息づく「子どもと保育者の営み」を共感的に理解することが重要だと思います。保育者から学ぶ意義、子どもから学ぶ意義をこの3章で、実感してほしいと願っています。

2．「午後の自由遊び」（３歳児）

🎥 映像①（視聴方法は P.148参照）

シーン❶

お弁当が終了した子どもから、自分の好きな遊びをします。３歳児は、なんといっても「ごっこ遊び」が大好きです。保育室のコーナーには、保育者と子どもたちがつくった手づくりコスチュームボックスがあります。そのなかから、「今日はどんな遊びをしようかな…。」友達同士で相談をする子どもも、一人で迷っている子どもがいます。

シーン❷

コスチュームボックスの奥からA君は青いマントを引っ張り出して、「ぼくは、スーパーマンになるんだ…。」ちょっと小声で気持ちを伝えます。
A君のその発話を聞いた保育者は、子どもの気持ちに寄り添い、言葉かけをしています。

シーン❸

マントを着たら「ぼくこそ、スーパーマンだ！」と、どの子どももすっかりスーパーマンになりきっています。これこそ３歳児の特徴です。年長さんや隣のクラスに出かけて、その雄姿をアピールする自己主張も象徴的です。
仲間づくりを通して遊びの動線がダイナミックに広がる様子からは、遊びの深まりが見えてきます。

映像を通して保育を理解するポイント

ポイント❶
3歳児の自由遊びの特徴や傾向を理解しよう

　　保育室の一角には「おうちごっこ」が常時できるよう、コーナーが設置されています。子ども仕様のソファーセット、ままごとセットの横には、自分で遊びのコスチュームがつくれるように、廃材や素材が準備されています。そこは一人一人の子どもが、「自分の遊びたいこと」をイメージする場所でもあります。

　　友達や先生と、遊びの相談をしている子どもの実態（特徴や傾向）について、この場面からすくいとっていきましょう。

ポイント❷
遊びをはじめるときの不安や迷いを受け止め、寄り添う保育者の援助に注目しよう

　　3歳児は遊びたいという思いが高まっているものの、遊びはじめるまでにはそのイメージに対する葛藤や不安が生じています。コスチュームの色に迷いながら、遊びをどのようにはじめようか葛藤しているA君の様子に注目しましょう。

　　一人一人の子どもが、どんな遊びをしたいのか、自分の気持ちをはっきりと言語化できない子どももいます。保育者に小声で相談しているときの表情がまさに特徴的です。このようなときに、保育者は子どもの言葉を聞き取り、不安な気持ちをさりげなく援助する姿勢、やりたいことの言語化を支える姿勢、子どもの遊びを広げる役割に注目しましょう。

ポイント❸
子ども自身の遊びが深まる様子と充実感に注目しよう

　　マントを身につけたA君は、数人の仲間と一緒に元気に走り出します。3歳児は、役割を分担して遊ぶというより、どの子も主役「スーパーマン」です。

　　一人一人がその役になりきることを楽しむ段階です。スーパーマンならではのスピーディーな動線に注目しましょう。最初は年長クラス、そして外廊下を全力で走り、最後はお隣のクラスにも参入しています。「スーパーマン」への興味関心という遊びの芽生えが、ごっこ遊びを展開するなかで、やがては仲間と思いを共感する姿を確認しましょう。時間をたっぷりかけ、自分なりの思いを出し合うA君たちの姿から、保育者は遊びが深まっている様子、遊びを通した充実感をすくいとることが大切です。

3.「クラス活動（設定保育）」（4歳児）

🎥 **映像②**（視聴方法は P.148参照）

シーン❶

保育者は、いろいろな大きさのブドウづくりを提示しています。子どもたちからも「マスカット」「普通のブドウがいい」などといった意見が出てきています。活動により興味関心をもち、子どもたち自身が、自分で考えたブドウをつくっていけるよう配慮がされています。

シーン❷

保育者は、一人一人の子どもの作品を見ながら、そのよさを見つけ言葉かけをしています。さらに、個々の能力を見極め、もう一歩先のアイデアを提案したりしています。子どもたちも、保育者に認められることでさらにつくる意欲が増し、また子ども同士で、見せ合い、刺激し合う姿も見られます。

シーン❸

それぞれの子どもが、創意工夫をしながら、満足のいく作品を目指して、つくり進めていく姿が見られます。その子どもが、想像したものを形にしていくことができるよう、材料や素材にも工夫がされています。

映像を通して保育を理解するポイント

ポイント①

子どもの自立心、興味関心を大切にする保育者の意図を理解しよう

保育者が「静かにしましょう」と声をかけなくとも、自然と集中して聞く気持ちがもてるような工夫、声のトーン、動きなどにも注目してみましょう。そして、導入場面では、「ブドウ狩り」をするなど、子どもたちに活動への興味関心をよりもってもらえるようなはたらきかけをしています。活動の『ねらい』を念頭に置き、活動を行っていくうえで、子どもたちにどのようなはたらきかけが必要なのかをあらかじめ考え、整理しておくことも大切です（教材・道具を配るタイミング等も）。わかりやすくていねいに伝えていく、また、「どんなブドウがいいかな？　大きかったり、小さかったり」と、あえて見本を見せないなど、その子ども自身の想像、イメージを膨らませていけるような工夫をしていくことも重要です。

ポイント②

一人一人のよさを認め、ほめながらそれぞれの技量を把握していく大切さを理解しよう

保育者は、「これはすごい」「粒が大きくて立派なブドウだね」などと、子ども一人一人の作品に対して、よさを見つけ、認めたり、ほめたりということを繰り返しています。そのことが、さらなる子どものつくる意欲につながり、また、友達同士見せ合う姿にもつながっています。保育者は、その子どもの手先の動かし方、技量などもあわせて把握し、さらなる工夫、アイデアのためのヒントを伝えたりもしています。

ポイント③

子どもの個性や表現力を活かし、つくり出すための十分な時間を確保する大切さを理解しよう

多くの子どもが、意欲的につくり進めている姿が見られます。ですが、自分がイメージしていることがうまく表現できず悩むこともあるため、援助や言葉かけも重要です。シーン③より少し前になりますが、「ピンクつかってないよ」と指摘する子どもに対して「いいのよ」と伝える場面が見られるように、その子らしさ、その子のもつ表現力を大切にし、いかに個性を引き出していくことができるか、こちらも保育者の役割として重要な部分です。

4. 「午後の自由遊び」（5歳児）

🎥 映像③（視聴方法は P.148参照）

シーン❶

数名の男児が、水を流しては、せき止める方法をいろいろと工夫しています。また女児たちは、自分たちの背丈より高い山を目指して、協力しながらつくり進めています。友だちと協同的な遊びに取り組むなかで、自己発揮をしながらさまざまな経験を積み重ねています。

シーン❷

保育者は子どもたちの遊びの様子を見守りつつ、タイミングよく重要な言葉かけをしています。また、他の保育者とその場で話し合い、遊び場面を共有することで、その後の遊びの持続や発展における手立てについて考えています。

シーン❸

つくった橋を壊した（たまたまその場に居合わせただけであったが）といわれ、責められその場を離れつつも、じっと様子をみているH児。その後、しばらくすると、自分の立ち位置をうまく見つけ、遊びに参加していき、周りの仲間も自然と受け入れています。

映像を通して保育を理解するポイント

ポイント①
子どもたちが遊びのなかで経験していることを読みとる

　何気ない砂場での一場面ですが、よく観察すると、さまざまなことを経験していることが見えてきます。友だちが工夫し水をせき止める様子を見てまねる動作が広がっていったり、また、女児たちは、水を混ぜると固くなるといった砂の性質を理解しながら遊びを進めていったりしています。どちらの集団も、言葉でのやりとりが巧みになり、友だちと共通の目的やイメージをもち取り組んだり、考えたり試したりしながら遊びを進めていく姿が見られます。その集団によっても、遊びの面白さや、経験していることが違ってくるため、内容を細かく読み解き、その遊びを通して何が育っているのかをとらえていくことが大切です。

ポイント②
保育者の見守る意図、遊びを多面的にとらえる大切さを理解する

　保育者は見守ることが大事といわれますが、ただ見守っているわけではありません。環境に思いを込めたり、より遊びが面白くなるように提案したり、多くの意図をもってかかわっています。ここでは、地図に興味が出てきた子どもが発した言葉を再度「アメリカにある広島県」と繰り返すことで、共通のイメージをもちやすくしたり、また、「Hくん、ここ積んでくれたから丈夫になったね」と、間接的に、その子どものよさに気づけるような言葉がけをしたりしています。保育者がどのような意図をもって見守っているのか、また、遊びを多面的にとらえていくことで、子どもの育ちはもちろん、さらなる遊びの持続、発展における具体的な手立て、環境構成の工夫などにも着目していきましょう。

ポイント③
幼児期のいざこざは子どもの育ちに欠かせません！

　5歳児頃になると、友だち関係の深まりと共に対立や葛藤も多くなります。ですが、解決そのものを急ぐのではなく、十分に向き合う、互いの思いに気づけるようにしていくことが保育者の役割の1つといえます。保育者は、「ぼくがやったんじゃないのに」とのH児の心の声に耳を傾け、その後の、H児の様子をじっと追い、最終的に仲間に加わる場面まで見届けています。H児が仲間に入っていく力を信じ、また、仲間入りをなかなか認めなかったW児も、H児の動きを見て、「そこ掘んないで」と言葉では言いつつも、参加することを受け入れています。子ども一人一人の思いや考えに寄り添い、その子どもの内面を理解していこうとする姿勢が大切です。

4章

実習を保育に
活かすために

1. 実習は"体験"するの？　それとも"経験"するの？

　保育現場を実践的に経験すること、これが"実習"です。実習生は、保育者養成校で保育を理論的に学ぶとともに、"実習"を通して保育技術を習得し、理論と実践を結びつけることが求められています。それが、保育者としての専門性や資質を高めていくことにつながるからです。

　本章では、実習を実践に活かすために、自身の課題を発見する方法の1つとして振り返りを取り上げます。また、実習では実習生と保育者との良好な関係を築くことが大切であること、および実習は自分自身の適性と向き合う場であるのか、という点について説明していきます。

　まず、「体験」と「経験」という用語の意味を、次のように整理したいと思います。

　「体験」とは、実習によって見たことや行った行為を学びや自身の成長につなげるのではなく、その時点で行った行為を単なる「実習での出来事」として終えてしまうことだと考えます。

　これに対して、「経験」は、実習によって学んだことや身につけたことを絶えず振り返り、常に新たな課題を見いだし成長していくことを意味すると考えます。

　それでは、「体験」と「経験」について、観察実習の事例で具体的な事例をみていきましょう。

〈Aさんの「体験」の事例〉

　実習生のAさんは、観察実習の際に、「はじめの3日間は観察実習なので、子どもとはかかわらず、子どもの様子をよく観察してください」と担当の保育者に言われました。Aさんは、「ただ立って見ているだけで、何をしていいかわからなかった」と言います。これは、Aさんが観察実習の意味をよく理解していないことによるものと思われます。その結果、Aさんは退屈な観察実習の3日間を過ごし、子どもや保育者の姿から何ら学びを得られませんでした。観察実習はAさんにとって、単にその実習を「体験」したにすぎないのです。

〈Bさんの「経験」の事例〉

　これに対し、実習生のBさんは、楽しい観察実習の3日間だったと言います。Bさんは、子どもと先生の様子を観察していると、いろいろなことに気がついたそうです。例えば、「観察をしていると、子どもはどんな物でも、どんなところでも、すぐに遊ぶ方法を見つけ、目を輝かせて時間を忘れて遊んでいる。そのなかで、みんなの遊びの輪になかなか入れない男の子がいた。それを見ていた先生が、簡単な言葉がけをしたら、その子はみんなの遊びの輪に入り、意欲的に遊びだした。先生はどのような言葉をその子に投げかけたのか？」など、先生に質問したい点がたくさん出てきたそうです。Bさんは先生からアドバイスをいただき、自分なりに考えを整理して、その日の実習日誌に記録し、次の実習課題にしていきました。Bさんにとって、観察実習の3日間は、わくわくする日々だったそうです。

　このように、Bさんは観察実習に積極的に取り組み、子どもの姿をよく見ることでいろいろな疑問をもち、それについて考え、疑問を解決しながら、次の実習の課題につなげていったのです。Bさんはまさに観察実習を「経験」したといえます。

　実習生は、実習を学生時代の「体験」で終わらせるのではなく、保育者として成長していくために「経験」することが大切です。

　さらに、実習という「経験」は、実習生の言葉を通して記録することが必要です。この記録は、子どもの姿（生活内容）を単に羅列して書くことや、自分の感想を述べるだけのものではありません。観察とかかわりから気づいたことを自分の頭で考え、それを自分の言葉にまとめ、記録していく作業です。この作業により、自分自身の「経験」は言葉を通して具体的な記録になるのです。この記録は、実習日誌の作成によって日々積み重ねられ、実習終了後には全体を振り返る際の貴重な資料になります。

2. 実習から学び、自身の課題を発見する ～専門性を高める"振り返り／省察"～

　実習を保育に活かすための具体的な方法の1つとして、実習中あるいは実習後の振り返りがあります。振り返りは、園での反省会や事後指導での反省報告会において、日誌に基づいて実習の成果や反省点を読み解きます。さらに、他者の意見を聞くことで、自分自身の実習課題を明確にすることです。実習生の振り返り／省察（以下、振り返りとする）は、一般的に、保育技術の向上にかかわることに重点がおかれているようです。

　振り返りという行為は、問題意識をもつことが出発点になると思われます。問題意識とは、例えば、一日の生活を振り返り、①保育者の援助や配慮がどのように行われているのか、②子どもはどのようなことで喜怒哀楽を表現するのか、③子どもはどのような遊びを展開しているのかなど意識的にとらえるということです。

　問題意識をもって観察すると、今まで漠然と見ていたものが意味をもつようになり、そこにさまざまな疑問が湧いて"気づき"につながるのです。

　それでは、前述したBさんの観察実習のケースで振り返りの重要性を説明しましょう。

〈問題意識〉

　Ｂさんは、「子どもの姿」「保育者の言葉がけ」について観察するという点に問題意識をもちました。

〈気づき〉

① 「子どもの姿」から、なぜ男の子はみんなの遊びの輪に入らないのか。男の子が遊びの輪に入らないのは、じゃんけんに負けて鬼になるのが嫌だからという「自我のはたらき」があることに気づきます。

② 次に「保育者の言葉がけ」を観察します。先生がその子に言葉がけを行う。しかし、先生は、子どもの成長をうながすため遊びに加わる方法をすべて教えるのではなく、ヒントを与え、子どもが主体的に遊びに加われるよう導いていました。先生の男の子への言葉がけがすばらしいと感じた、という気づきでした。

〈課題の発見〉

　この気づきから、Ｂさんは、①子ども理解を深めること、②子どもが主体的に遊べるように導くための具体的な言葉がけ、という課題を発見しました。

　Ｂさんの振り返りは、将来の保育者である実習生にとって、とても重要です。保育者は、子どものもつ力を引き出すことが求められています。保育者には、子どもの主体性を尊重する、あるいは子どもが主体である、という基本的な考え方をもっていなければなりません。この振り返りによって、Ｂさんは、保育者として大切な、子どもを主体とする考え方に気づいたことが重要なのです。このように、保育に関する理解を深めるためには、振り返りをていねいに行い、実習から気づき、自分自身の保育の課題を発見することが大切なのです。

3. 保育者との良好な関係を
つくる

　実習生は、保育者になることを目的として実習に臨みます。その際、実習先で尊敬できる保育者に出会うことは、理想の保育者像の確立につながる一因になると考えられています。このような出会いにより、実習生が尊敬する保育者に少しでも近づきたい、子どもから信頼される「あの先生」のようになりたい、と思うことで、実習やこれからの学びがより前向きにかつ意欲的になると考えられます。

　実習生と保育者との関係については、次のような研究結果があります。「実習生の態度や資質が良好であれば、保育者は実習生に対して受容的な態度を示し、それによって実習生は実習を通して自己の保育者としての資質を高めるという、良好な相互作用が生まれることが期待できる。その一方で、保育者が学生の持っている資質をどれだけ引き出すことが出来るか否かも、両者の相互作用の鍵になると考えられる」（下線は筆者）。ここでいう“実習生の態度や資質が良好であれば”とは、何を意味するのでしょうか。実習生が保育に関する基礎的な知識や技能を身につけているとともに、①健康で明るく積極的な態度であること、②社会人としての礼儀・作法を身につけていること、③保育者になりたいという強い意志があること、そして④意欲的に学ぶという姿勢で実習に臨んでいることなどが考えられます。

　このような良好な関係が築かれることで、実習生は、保育者の指導を謙虚に受け入れ、保育者は実習生の積極的な態度や実習に臨む姿勢をみとめるようになると考えられています。保育者と良好な関係を築くことで、実習生も、また保育者にとっても、その実習が実りある、より有意義なものにできると考えられます。さらに、実習生は、保育者の仕事に取り組む姿勢に接することで、仕事の厳しさや難しさなどを学ぶことになるのです。

4．保育者としての適性を 考える時期について

　実習に行ってきた学生から、「私は保育者に向かないことがよくわかった」という話を聞くことがあります。実習生は、実習に行くことによって、あこがれであった職業の専門性の高さや専門職としての仕事の厳しさを知り、不安に思い、自己肯定感に結びつかないので、自分は保育者としての適性がないと考えるようです。

　ここで問題にしたいのは、実習生が実習という短い期間で自己の適性を正しく判断できるのかという点です。実習では、専門職としての保育者の仕事の一面を経験したにすぎません。実習は、保育者を目指す者が、自身の専門性や資質の不足している部分を経験的に認知し、先輩保育者の指導を受けて、一人前の保育者として成長するための1つのプロセスです。

　実習生は、実習期間に自分の適性と向き合うのか、あるいは保育者として職に就いてから適性の有無を判断するのかを、自分なりに悩みながら結論を出す必要があります。すでに保育現場で働く保育者は、一般的に、数年間、懸命に働いてから自身の適性と向き合うことが必要だと考えているようです。

　したがって、実習生は、実習の時点で自己の適性の有無を考えるよりも、保育者として一人前になるために、今何を学ぶべきか、また何をすべきか、ということを考え、謙虚に反省しながら自身の成長のため積極的に実習に取り組むことが求められているものと思います。

付録　3章の映像ダウンロードのご案内

『実習場面と添削例から学ぶ！　保育・教育実習日誌の書き方 改訂版』3章で紹介している場面の映像をダウンロードすることができます。ダウンロード後、お使いのコンピュータにファイルを保存し、ご活用ください。

《収録内容》
　　付録1　午後の自由遊び（3歳児）（mp4）
　　付録2　クラス活動（設定保育）（4歳児）（mp4）
　　付録3　午後の自由遊び（5歳児）（mp4）
　　※ダウンロード時の通信料はお客様のご負担となります。
　　※本書をご購入後、早い段階でのダウンロードをお願いいたします。本書の改
　　　訂や絶版、弊社システムの都合上などにより、予告なくサービスを終了させ
　　　ていただく場合があります。予めご了承ください。

《ファイルのダウンロード方法》
　　パソコンはWindows10、ブラウザはInternet Explorer11.0 を例に説明します。
【1】
　　パソコンのブラウザのアドレスバーに次のダウンロードページの URL を入力
してください。
　　https://www.chuohoki.co.jp/movie/8218/
※中央法規コーポレートサイトからはダウンロードページにアクセスできませ
　ん。上記 URL を直接入力してください。

【2】

　ファイルのダウンロードのリンクをクリックしてください。

【3】

　保存先を決めて「保存」をクリックしてください。保存されたファイルを開く
とパスワードの入力画面になりますので、パスワードを入力してください。

※動作環境によりウィンドウの表示が異なる場合があります。

パスワード：JishuKA2

《動作環境》
●閲覧機器
　パソコン、タブレットにてファイルをご覧いただけます。スマートフォンでの閲覧は保障いたしません。
●推奨 OS、ブラウザのバージョン
　Windows 8.1 - Internet Explorer 11.0
　Windows 10 - Internet Explorer 11.0, Microsoft Edge
　MAC – Safari, Google Chrome, Firefox（OS も含めて最新版のみ）
●接続環境
　上記の環境を有する場合でも、お客さまの接続環境等によっては一部の機能が動作しない場合や画面が正常に表示され
ない場合があります。また、ダウンロード時の通信料はお客様のご負担となります。
●商標
・Windows ®の正式名称は Microsoft ® Windows ® operating System です。
・Windows 8.1、Windows10、Internet Explorer11.0、Microsoft Edge は米国 Microsoft Corporation の米国およびその他の国における登録商標
　および商標です。
・MacOS、Safari は Apple Computer Inc. の米国およびその他の国における登録商標または商標です。
・Chrome は Google Inc. の商標または登録商標です。
・Firefox は Mozilla Foundation の商標です。

参考文献

1章

1）小泉裕子・田爪宏二「実習生の保育者アイデンティティの形成過程についての実証的研究──保育者モデルの影響と保育者アイデンティティ「私は保育者になる」の関連」『鎌倉女子大学紀要』第12号，pp.13 ～ 23，2005.

2）文部科学省「幼稚園教員の資質向上について──自ら学ぶ幼稚園教員のために」2004.

3）倉橋惣三「園丁雑感──我等の途」倉橋惣三・津守真・森上史郎編『幼稚園雑草（上）』フレーベル館，2008.

4）全国保育士会「全国保育士会倫理綱領」2003.

2章

場面②

・相馬和子・中田カヨ子編著『幼稚園・保育所実習 実習日誌の書き方』萌文書林，2004.

・阿部和子・増田まゆみ・小櫃智子編『最新保育講座13 保育実習』ミネルヴァ書房，2009.

・百瀬ユカリ『実習に役立つ保育技術』創成社，2009.

・東京家政大学『教育・保育実習のデザイン』研究会編『教育・保育実習のデザイン──実感を伴う実習の学び』萌文書林，2010.

場面⑧

・厚生労働省編『保育所保育指針解説』フレーベル館，2018.

場面⑭

・「児童養護施設運営指針」「社会的養護施設運営指針及び里親及びファミリーホーム養育指針について」（平成24年3月29日雇児発0329第1号）

・高玉和子編著『実践力がつく保育実習』大学図書出版，pp.102 ～ 131，2014.

・畠中義久編『社会的養護内容総論 その理論と実際』同文書院，pp.42 ～ 46，2014.

場面⑮

・井桁容子『0・1・2歳児のココロを読みとく保育のまなざし──エピソード写真で見る子どもの育ち』チャイルド本社，2017.

場面⑯

・谷田貝公昭『ラポムブックス 生活の自立 Handbook：排せつ・食事・睡眠・着脱・清潔』学研，pp.70 ～ 85，2009.

・小櫃智子編著『実習日誌・実習指導案パーフェクトガイド』わかば社，pp.128 ～ 129，2015.

・開仁志編著『保育指導案 大百科事典』一藝社，pp.73 ～ 75，2012.

・川原佐公・田中三千穂・藤本員子・古橋紗人子・若盛清美・岩城眞佐子監修・執筆『0 ～ 5歳児の発達と援助がわかる生活習慣百科』ひかりのくに，2014.

・金子智栄子編著『0 ～ 6歳児の発達と保育』成美堂出版，pp.105 ～ 174，2013.

4章

・佐野奈美「保育所実習（保育実習Ⅰ）における実習評価に関する一考察——現場評価と自己評価の比較分析を通して」『人間科学部研究紀要』第 7 号，pp.131 ～ 147，2008.

・佐野奈美「保育所実習（保育実習Ⅰ）と保育実習Ⅱの実践的な学びによる教育的効果——2006年度から2008年度までの保育所実習（保育実習Ⅰ）と保育実習Ⅱの自己評価と現場評価の調査結果をもとに」『人間科学部研究紀要』第 9 号，pp.203 ～ 217，2010.

・田爪宏二・小泉裕子「実習担当保育者の持つ実習生のイメージと実習生に期待する資質に関する検討」『鎌倉女子大学紀要』第16号，pp.13 ～ 23，2009.

・東京家政大学『教育・保育実習のデザイン』研究会編『教育・保育のデザイン——実感を伴う実習の学び』萌文書林，2010.

・松永しのぶ・坪井寿子・田中奈緒子・伊藤嘉奈子「保育実習が学生の子ども観，保育士観におよぼす影響」『鎌倉女子大学紀要』第 9 号，pp.23 ～ 33，2002.

・森有正『生きることと考えること』講談社現代新書，1970.

・山田秀江「実習事後指導に関する一考察」『四條畷学院短期大学紀要』第44巻，pp.25 ～ 31，2011.

【編　者】

小泉裕子　　鎌倉女子大学・鎌倉女子大学短期大学部教授

【著　者】（五十音順）

市野繁子	駒沢女子短期大学保育科教授	第4章	
上田陽子	鎌倉女子大学短期大学部初等教育学科講師	第3章	
遠藤純子	昭和女子大学人間社会学部初等教育学科専任講師	第2章	場面⑨
小川恭子	藤女子大学人間生活学部子ども教育学科特任教授	第2章	場面⑬
小川千晴	元聖隷クリストファー大学社会福祉学部こども教育福祉学科助教	第2章	場面⑧
金子功一	植草学園大学発達教育学部発達支援教育学科専任講師	第2章	場面⑯
上村麻郁	千葉経済大学短期大学部こども学科准教授	第2章	場面⑱
小泉裕子	（前掲）	第1章、第3章	
酒井真由子	上田女子短期大学幼児教育学科准教授	第2章	場面⑪
相樂真樹子	貞静学園短期大学保育学科専任講師	第2章	場面②
関川満美	鎌倉女子大学短期大学部初等教育学科講師	第2章	場面④
高橋真由美	藤女子大学人間生活学部子ども教育学科教授	第2章	場面⑤
賞雅さや子	仁愛女子短期大学幼児教育学科准教授	第2章	場面⑮
田中君枝	横浜保育福祉専門学校保育こども学科専任講師	第2章	場面①、場面⑥
千葉弘明	東京家政大学子ども学部子ども支援学科准教授	第2章	場面⑭
土屋　由	秋草学園短期大学地域保育学科准教授	第2章	場面⑩
寶川雅子	鎌倉女子大学短期大学部初等教育学科准教授	第2章	場面③
真宮美奈子	鎌倉女子大学児童学部児童学科准教授	第2章	場面⑦
持田京子	埼玉純真短期大学こども学科准教授	第2章	場面⑫
守　巧	こども教育宝仙大学こども教育学部幼児教育学科教授	第2章	場面⑰

【協　力】

鎌倉女子大学幼稚部

社会福祉法人愛誠会　リサ保育園

実習場面と添削例から学ぶ！
保育・教育実習日誌の書き方　改訂版

2020年12月15日　発行

編著者　　小泉裕子

発行者　　荘村明彦

発行所　　中央法規出版株式会社
　　　　　〒110-0016　東京都台東区台東 3-29-1　　中央法規ビル
　　　　　営　　業　　　Tel 03-3834-5817　Fax 03-3837-8037
　　　　　取次・書店担当　Tel 03-3834-5815　Fax 03-3837-8035
　　　　　https://www.chuohoki.co.jp/

印刷・製本　　　　　　株式会社太洋社

装幀・本文デザイン　　ISSHIKI

カバー・本文イラスト　　田村玲子、いしかわみき（場面⑮）

定価はカバーに表示してあります。

ISBN978-4-8058-8218-4

本書の内容に関するご質問については、下記 URL から「お問い合わせフォーム」にご入力いただきますようお願いいたします。
https://www.chuohoki.co.jp/contact/